憲法
―人権論への誘い―

Invitation to the theory of human rights

福岡英明 著

八千代出版

まえがき

　本書は、『憲法－人権論への誘い－』という書名の通り、日本国憲法で保障された基本的人権に関する入門書です。読者としては、初めて大学や短大で日本国憲法を学ぶ学生や社会生活の中で憲法に興味を持たれた社会人の方々を想定しています。したがって、できるだけ平易な言葉で説明するよう心がけて書かれています。執筆者としては、限られた分量では、これ以上易しく説明できないというくらい平易に解説したつもりです。とくに、法学部の学生の方で、講義で指定された本格的な教科書・体系書の分量に圧倒され、途方に暮れているならば、まずは、本書のような入門書を読んでみてください。人権論の輪郭や重要な点がおおよそつかめるかと思います。

　本書は、入門書ですから、いわゆる通説（一般に支持されている学説）をベースにして説明し、関係する重要な最高裁判所の判決を示すというかたちで構成されています。憲法の条文は簡潔に書かれている分、反面、抽象的ですから、その具体的意味を探る上で最高裁判所の判決は欠かせないものであり、また、最高裁判所の判決で示された憲法の解釈が唯一の公式の解釈でもあります。もちろん、最高裁判所の憲法解釈が唯一絶対のものではないので、これに対する批判的なコメントを付した所も多々あります。

　ところで、日本国憲法が制定されてからすでに半世紀以上たち、憲法改正の声も聞かれるところですが、日本国憲法が保障する基本的人権は、私たちが1回限りの人生を自分で思い描くように送るための大前提となるものですから、基本的人権の保障が後退するような憲法改正は許してはなりません。そのためにも、日本国憲法が保障している基本的人権をしっかりと理解し、かけがえのないものとして愛着を持っていただきたいと念願しています。本書が幾ばくかでもその役に立つのであれば、執筆者としてこれ以上の喜びはありません。

　最後に、本書を出版するに当たり、大野俊郎さんにたいへんお世話になり

ました.本書を執筆するお話を数年前にいただきながら,なかなか筆が進まず,時間ばかりかけてしまい,大野さんにはご迷惑をおかけしました.また,編集に当たられた伊東さおりさんにも厚く御礼申し上げます.

2003年6月

福岡英明

目　次

第1章　憲法の歴史 ——————————————————— 1
- I　憲法という言葉の意味　1
- II　近代立憲主義的憲法の生成　2
- III　近代立憲主義的憲法の変容　5
- IV　明治憲法と外見的立憲主義　6
- V　日本国憲法の制定　7

第2章　憲法の基本原理 ——————————————————— 11
- I　個人・憲法・国家　11
- II　個人の尊重と三大原理　12
- III　権力分立　14
- IV　法の支配　16
- V　憲法の最高法規性と法の段階的構造　17

第3章　基本的人権総論 ——————————————————— 19
- I　人権の享有主体　19
- II　人権の制約可能性と判断基準　20
- III　特別な法律関係における人権の制限　25
- IV　私人間における人権規定の効力　26

第4章　法の下の平等 ——————————————————— 29
- I　平等思想の歴史　29
- II　日本国憲法の平等規定　30
- III　「法の下の平等」の意味　31
- IV　「平等」の意味　32

iii

Ｖ　差別禁止事由の意味　33

　　Ⅵ　列挙されている差別禁止事由　34

　　Ⅶ　平等の現代的課題　37

第5章　思想・良心の自由と学問の自由 ── 39

　　Ⅰ　精神的自由権の意義　39

　　Ⅱ　思想・良心の自由の内容　40

　　Ⅲ　思想・良心の自由に関する判例　41

　　Ⅳ　学問の自由　42

　　Ⅴ　先端科学技術の研究と学問の自由　43

　　Ⅵ　大学の自治　44

第6章　信教の自由と政教分離原則 ── 47

　　Ⅰ　信教の自由の意義　47

　　Ⅱ　信教の自由の内容と限界　48

　　Ⅲ　政教分離原則　49

　　Ⅳ　その他の判例　52

第7章　表現の自由1 ── 55

　　Ⅰ　表現の自由の意義　55

　　Ⅱ　事前抑制禁止の原則と検閲の禁止　56

　　Ⅲ　表現内容に対する規制　57

　　Ⅳ　表現の時・場所・方法に対する規制　62

第8章　表現の自由2 ── 67

　　Ⅰ　報道の自由　67

　　Ⅱ　集会の自由　71

　　Ⅲ　結社の自由　73

IV　知る権利　74
　V　通信の秘密　76

第9章　経済的自由権 ─────────── 79
　I　経済的自由権　79
　II　職業選択の自由　79
　III　居住・移転の自由と外国移住・国籍離脱の自由　82
　IV　財産権　83
　V　損失補償　85

第10章　身体の自由と刑事手続 ─────────── 87
　I　身体の自由　87
　II　適正手続の保障　88
　III　刑事手続の流れ　90
　IV　犯罪捜査のルールと被疑者の権利　92
　V　刑事裁判のルールと被告人の権利　96
　VI　犯罪被害者への配慮　99

第11章　受益権 ─────────── 101
　I　請願権　101
　II　裁判を受ける権利　102
　III　国家賠償請求権　104
　IV　刑事補償請求権　107

第12章　生存権 ─────────── 109
　I　社会権の意義　109
　II　生存権の法的性格　110
　III　生存権に関する判例　112

Ⅳ　環　境　権　114

第13章　教育を受ける権利 ——————— 117
　　Ⅰ　教育を受ける権利の意義と性格　117
　　Ⅱ　教育を受ける権利の内容　118
　　Ⅲ　教育権の所在　119
　　Ⅳ　学習指導要領と教師の教育の自由　121
　　Ⅴ　教科書検定　122
　　Ⅵ　義務教育の無償　123

第14章　労　働　権 ——————————— 125
　　Ⅰ　労働基本権の意義　125
　　Ⅱ　団　結　権　126
　　Ⅲ　団体交渉権　127
　　Ⅳ　団体行動権　127
　　Ⅴ　公務員の労働基本権　128
　　Ⅵ　勤労の権利　131

第15章　参　政　権 ——————————— 133
　　Ⅰ　参政権の意義　133
　　Ⅱ　選挙権・被選挙権の法的性格　133
　　Ⅲ　選挙権の保障と選挙に関する憲法原則　134

第16章　人権保障の拡大 ———————— 141
　　Ⅰ　包括的基本権　141
　　Ⅱ　プライバシー権　143
　　Ⅲ　自己決定権　144
　　Ⅳ　外国人の人権　145

V 人権の国際的保障 148
VI 国民の義務 149

判例索引 153
索　　引 157

凡　例

＊引用文献の略記

芦部・憲法	芦部信喜著・高橋和之補訂『憲法』〔第三版〕（岩波書店、2002年）
浦部・憲法	浦部法穂『全訂憲法学教室』（日本評論社、2000年）
清宮・憲法Ⅰ	清宮四郎『憲法Ⅰ』〔第三版〕（有斐閣、1979年）
辻村・憲法	辻村みよ子『憲法』（日本評論社、2000年）
戸波・憲法	戸波江二『憲法』〔新版〕（ぎょうせい、1998年）
長谷部・憲法	長谷部恭男『憲法』〔第二版〕（新世社、2001年）
宮沢・コンメ	宮沢俊義著・芦部信喜補訂『全訂日本国憲法』（日本評論社、1978年）
宮沢・憲法Ⅱ	宮沢俊義・憲法Ⅱ〔新版〕（有斐閣、1971年）

＊判例の略記

最判（決）	最高裁判所判決（決定）
最大判（決）	最高裁判所大法廷判決（決定）
高判	高等裁判所判決
地判	地方裁判所判決
簡判	簡易裁判所判決
民集	最高裁判所民事判例集
刑集	最高裁判所刑事判例集
裁集民事	最高裁判所裁判集民事
高民集	高等裁判所民事判例集
下民集	下級裁判所民事裁判例集
行裁例集	行政事件裁判例集
判時	判例時報

第1章

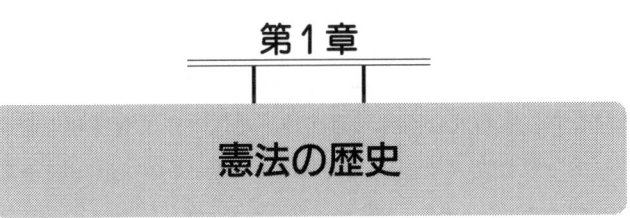

憲法の歴史

I 憲法という言葉の意味

　憲法と聞けば、誰でも日本国憲法のような「〜憲法」という名前のついた法典を思い浮かべるでしょう。この意味での憲法を「形式的意味の憲法」といいます。いわば、容器です。日本国憲法という容器には、戦争を放棄して平和を守るとか、国民の人権を保障するとか、選挙で国民の代表者を選ぶとか、国民の代表者である国会が法律を作るとかといったルールが入れられています。これらのルールは、日本という国家の政治的決定のやり方に関するルールです。つまり、ルールの内容に着目すると、憲法とは、国家の統治に関する基本法、あるいは政治的支配の基本的ルールと定義できます。この意味での憲法を「実質的意味の憲法」といいます。

　今、国家という言葉を使いましたが、現代の私たちがイメージするような国家、つまり中央集権的な国家が成立したのは、西欧では絶対王政の時代です。もちろん、それ以前にも一定の領域内での政治的支配は存在していたので、たとえば、王様や独裁者が政治的決定を行うとか、市民が直接みんなで政治的決定を行うといった政治的支配の基本的ルールが存在していました。したがって、国家あるいは政治的支配を行う組織体が存在すれば、必ず実質的意味の憲法も存在します。ただし、これを構成する統治の基本的ルールは「憲法」という容器に入れられているとは限りません*。また、この言い方では、どのような統治のルールかは問題とされません。この場合の実質的意味の憲法をとくに「固有の意味の憲法」といいます。固有の意味の憲法は、ど

の時代のどの国にもそれぞれ存在します。

＊実質的意味の憲法が「〜憲法」という法典にまとめられていない場合、不文憲法といいます。反対に、法典にまとめられている場合、成文憲法といいます。

　これに対して、実質的な意味の憲法が、近代の市民革命期に国家の統治の基本的ルールとされた人権保障（人間は生まれながらにして自由で平等だ）、国民主権（国民が国の政治を決める）、権力分立（誰かが権力を独占しない）といった特定の内容を持つ場合、とくにこれを立憲主義的意味の憲法（近代的意味の憲法）といいます。1789年のフランス人権宣言16条は、「権利の保障が確保されず、権力の分立が定められていないすべての社会は、憲法をもたない」と定めています。ここにいう「憲法」は、まさに立憲主義的意味の憲法という意味で理解されなければなりません。これから学んでいく現在の日本の憲法は、内容的には立憲主義的な統治の基本的ルールを含んでおり、それが「日本国憲法」という名の容器に入れられているのです。まさに、日本国憲法は、近代立憲主義的な性格を持つ成文憲法です。

　ところで、近代立憲主義的憲法は、日本人が発明したものではありません。これは近代の西欧（イギリス、アメリカ、フランス）で生み出されました。人間なら誰もが持つ基本的人権とか権力分立といったアイディアは、これらの国の歴史の中で生み出されたのです。とりわけ、近代の市民革命が重要な契機となりました。したがって、これらの国の歴史、少なくとも市民革命後の憲法史をたどり、また、これらの国の憲法を学ぶことが、日本国憲法を学ぶ上でも重要になります（もちろん、この小著では詳しく触れることができませんから、参考文献の中から探して勉強してください）。

II　近代立憲主義的憲法の生成

　近代に先立つ封建制の時代は、身分制の社会であり、農業が産業の中心でした。農民は土地の所有者である封建領主の支配に組み込まれ、また、宗教的には教会の権威の下に置かれていました。しかし、技術や経済の発展によ

り新興の商工業者や独立自営農民が力を貯え、彼らは経済活動や精神活動の自由、政治への参加などを求めて市民革命を起こし、古い封建制度を倒しました。個人の自由と平等、民主主義（これらはまさに近代立憲主義的憲法の本質です）という理念は、市民革命を指導し、市民革命後の新しい体制を正当化する働きをしました。ここで、イギリス、アメリカおよびフランスの市民革命期の歴史をごく簡単にふり返っておきましょう。

　イギリスでは、チャールズ１世の専制政治に対抗して、1628年に議会（庶民院）が「権利請願」を採択しました。これは、1215年に国王に対する貴族の特権を守るために出されたマグナ・カルタなどを援用しながら、議会の承諾のない課税の禁止や人身の自由などをイギリス人の古来の権利として求めるものでした。その後、国王と議会の対立は激しくなり、1642年に内戦が開始され、ついに国王は処刑されてしまいました（ピューリタン革命）。この時期、急進的な平等派（レヴェラーズ）は、普通選挙、議会中心主義、議会に対する人民の統制などを含む「人民協定」を構想しました。しかし、権力を掌握したクロムウェルらの独立派は平等派を追放し、1653年に制限選挙制などを定める「統治章典」を制定しました。その後、革命は保守化し、王政復古がなされましたが、宗教問題をめぐって国王と議会が対立し、議会は国王を取り替えてしまいました。これを名誉革命（1688年）といいます。名誉革命の成果として、1689年に「権利章典」が制定されました。ただし、これもイギリス人の古来の権利と自由として諸権利の保障を定めていました。この点が、人間なら誰もが持つ権利としての人権を構想するアメリカやフランスのやり方とイギリスのやり方が異なるところです。しかし、名誉革命を事後的に正当化する役割を果たした「市民政府論」(1689年) において、ロックは、万人の固有権（プロパティ）から出発する自然権と社会契約論に基づいて近代立憲主義思想の原型を示しました。ロックの考えはイギリスではそのまま受容されませんでしたが、アメリカの独立革命やさらには日本国憲法にまで影響を与えました。

　アメリカでは、1775年に始まったイギリスからの独立戦争を通じて近代

第1章　憲法の歴史　3

憲法が生み出されました。まず、1776年には、独立革命の正当性を説明する「独立宣言」が出されました。これは、まず、自然権思想に基づいて、「すべての人は平等に造られ、造物主によって一定の奪うことのできない権利を与えられ、そのなかには生命、自由および幸福の追求が含まれる」とし、人間なら誰もが持つ普遍的な人権の考えを示しました。次に、社会契約論に基づいて、「これらの権利を確保するために人びとの間に政府が組織され、その権力の正当性は被治者の同意に由来する」とし、さらに、抵抗権の考えに基づいて、「いかなる形体の政府といえども、これらの目的を損なうものとなるときは、人びとはそれを改廃し、彼らの安全と幸福をもたらすものと認められる原理と権限の編制に基づいて、新たな政府を組織する権利を有する」と宣言しました。1777年には、それぞれ独立国となった13の州が「連合規約」を結び、国家連合が生まれました。しかし、より強力な結合が必要とされ、1787年に世界初の成文硬性憲法であるアメリカ合衆国憲法が制定されました*。これにより連邦国家が成立し、連邦の政治制度が整備されました。しかし、この憲法には、人権の保障規定がなかったため、1791年に修正条項（第1修正から第10修正）が追加され、信教の自由や言論・出版の自由などが規定されました。

＊憲法改正手続が通常の法律の制定手続よりも厳重な手続となっている場合、硬性憲法といいます。反対に、通常の法律の改正手続と同じ手続で改正できる場合、軟性憲法といいます。

フランスでは、絶対王政の時代から、権力分立論を示したモンテスキューや自然権思想と社会契約論を唱えたルソーなどの思想家がおり、自由で民主的な政治制度の考え方が知られていました。1789年に始まったフランス革命の成果を確認するものとして、同年、「フランス人権宣言」（人および市民の権利の宣言）が出されました。これは、自然権思想に基づく人間の自由と平等を出発点にして（1条）、あらゆる政治的結合の目的が自然的権利（自由・所有・安全・圧制への抵抗）の保全にあるとし（2条）、政治的結合の結果として生まれた国家において国民が主権者であるとし（3条）、国家の枠内では、

「自由とは、他人を害しないすべてのことをなしうることにある」のであって、法律が自然的権利の行使の限界を定めるとし（4条）、一般意思の表明である法律の形成に参与する権利をすべての市民はみずから、またはその代表者によって行使するとして、市民の権利を保障しました（6条）。次いで、1791年には、富裕な市民層が権力を握り、立憲君主制の1791年憲法が制定されました。ここでは男子制限選挙制と両立する国民主権・国民代表の考え（これをナシオン主権・純粋代表といいます）が採用されていました。その後、急進的な勢力が権力を握り、1793年憲法が制定されました。これは直接民主制的な政治制度を採用していました。しかし、急進的な勢力が力を失ったために、この憲法は施行されず、1795年憲法が制定されました。これは1791年憲法と同類の憲法でした。

III 近代立憲主義的憲法の変容

このように、近代立憲主義の考えが生み出され、19世紀の半ばから定着していきました。その特徴は議会中心主義と自由権、とくに経済的自由権を中心とした人権保障にありました。国家が市民社会にできるだけ介入せず、その自律性を尊重することが求められ（自由放任主義）、「消極国家」が望ましいと考えられました。国家は、市民社会の基本的な秩序を維持する役割を果たせばいいとされたのです（警察国家）。

しかし、産業革命後の経済社会の発展の結果、近代憲法が想定していた市民の等質性が破壊され、現実の市民は生産手段を持つ人（資本家）と生産手段を持たず自分の労働力を売るしかない人（労働者）に分裂しました。このような対等ではない人たちを平等に扱うこと、たとえば、契約の自由を形式的に認めることは、結局、仕事を求める労働者に不利な扱い（低賃金や長時間労働などの劣悪な労働条件、不意の解雇による失業など）を追認することに他なりません。また、大資本がカルテルを結ぶことまで経済活動の自由として許容されれば、自由競争が成り立たず、経済活動の自由が名ばかりのものとなって

しまいますし、労働者などの一般国民は割高な価格で商品を購入しなければならなくなります。こうなると問題は個人の努力では解決しませんから、国家が調整者として経済社会に介入し、国民の生存や生活に配慮することが求められるようになります。このような国家のあり方を、「積極国家」「福祉国家」（社会国家）といいます。

このような変化にいち早く対応した憲法が、1919年のドイツの憲法（ワイマール憲法）です。その151条は、「経済生活の秩序は、すべての人に、人たるに値する生存を保障することを目ざす正義の諸原則に適合するものでなければならない」と定めていました。「フランスは社会的共和国である」とする1946年のフランス憲法をはじめとして、第2次大戦後の諸憲法の多くは社会国家の考えを採用しています。日本国憲法も、25条以下で社会権を保障し、22条と29条で経済的自由に対する公共の福祉による制約を認めています。

Ⅳ　明治憲法と外見的立憲主義

日本で最初の成文憲法は、1889年の大日本帝国憲法（明治憲法）です。明治維新後の新政府は、幕末の不平等条約を解消して国際社会で一人前の国家となり、また、自由民権運動による批判をかわすために、近代法を導入して欧米流の法治国家の体裁を整えました。その一環として、明治憲法が制定されました。それは西欧の立憲君主制型憲法をモデルとしつつも、より天皇の権限が大きい保守的な性格の憲法でした。というのは、明治憲法が、市民革命を通じて国民の権利や自由を確保するために「下から」作られたのではなく、近代化を達成するために「上から」作られたからです。

明治憲法では、万世一系の天皇（1条）が、国の元首として統治権を総攬し（4条）、帝国議会の協賛をもって立法権を行使し（5条）、国務大臣の輔弼を受けて行政権を行使し（55条）、裁判所が天皇の名において司法権を行使する（57条）とされていました。また、天皇は、陸海軍を統帥し（11条）、宣

戦や講和に関する権限 (13条) も認められていました。帝国議会は二院制であり、衆議院と貴族院から構成されていました (33条)。近代憲法の基本原理である権力分立や民主主義は不十分なものでした。同様に、国民の権利や自由の保障も十分ではなく、人間なら誰もが持つ普遍的な人権という考え方は採用されませんでした。日本臣民の権利として、いちおう欧米の人権宣言に見られるような権利や自由が規定されましたが、それらは「法律の範囲内において」保障されるにとどまるものでした (法律の留保)。総じて、明治憲法は立憲主義の体裁をとりながらも、内容的には欧米流の近代立憲主義憲法とは異なるものであり、外見的立憲主義憲法と評されています。

　明治憲法制定当初、政府は議会や政党に対して超然主義の立場をとりましたが、その後、政党が力を伸ばし、超然主義を後退させました。こうして大正デモクラシー期には議会政治・政党政治が見られました。しかし、昭和に入ると、軍部が政治に介入するようになり、1931年の満州事変から1945年の太平洋戦争での敗戦までの間、議会政治は見る影もなくなりました。

V　日本国憲法の制定

　太平洋戦争は日本の降伏条件を定めたポツダム宣言*を1945年8月14日に受諾したことをもって終結しました。

　　*ポツダム宣言は、戦後の日本の領土が本州、北海道、九州、四国および諸小島に限られることと並んで、日本政府が日本国民の中の民主主義的傾向の復活強化に対する障害を除去し、基本的人権の保障が確立されることを求めていました。

　同月17日、戦後処理のための東久邇宮内閣が成立し、そこで国務大臣となった近衛文麿は、10月4日に連合国軍最高司令官マッカーサーと会見し、憲法改正を示唆されました。しかし、同日、連合国軍総司令部 (GHQ) が治安維持法廃止や天皇制批判の自由などを内容とする「自由の指令」を発したために、同内閣は総辞職し、幣原内閣が成立しました。そこで近衛は内大臣府御用掛となり、憲法改正作業を続けましたが、これと並行して、10月13

日に幣原内閣は松本烝治を委員長とした憲法問題調査委員会（松本委員会）を設置しました。これに対して、11月1日にGHQは先の憲法改正の指示は近衛個人に対してではないとの声明を発したため、憲法改正作業は松本委員会に任されることになりました。作業は秘密裡に行われました。ただ、12月8日に松本が示した四原則（天皇が統治権を総攬するが、大権事項をある程度減らすなど）から、改正案は明治憲法を若干手直しするだけの保守的な内容であることが窺われるだけでした。

　政府の作業と並行して、民間の知識人や各政党による憲法改正案の検討が行われていました。その中でも、天皇制を廃止し人民主権を採用した共産党案や国民主権を採用して天皇制を象徴的なものにし社会権も規定した憲法研究会案が注目されます。

　松本委員会は、1946年2月8日に憲法改正要綱（松本試案）をGHQに提出しました。しかし、これに先立つ2月1日に改正試案が毎日新聞にスクープされるという事件が起きました。ここでスクープされたのは2月8日に提出された試案とは異なりましたが（むしろスクープされた試案のほうが進歩的であったといわれています）、日本政府の保守的な考えを見て取ったGHQは自ら改正案を作成することにしました。2月2日にマッカーサーは「マッカーサー・ノート」と呼ばれる三原則（天皇制の存続、戦争の放棄、封建制の廃止）を作成し、翌3日、これに基づいて新憲法案を作成することをGHQ民政局に指示しました。2月13日に日本政府は先に提出していた松本試案に対するGHQの返答を聞きに行きましたが、その場でGHQは「マッカーサー草案」と呼ばれる新憲法案を示しました。

　このようにマッカーサーは新憲法の制定を急いだのですが、その理由として、1945年12月に戦勝国である米英ソ外相会議が、GHQの占領政策を監督する上級機関として極東委員会と対日理事会の設置を決めたことが挙げられます。極東委員会は1946年2月26日から活動することが予定されていましたが、その一部には天皇制廃止論が強かったので、むしろ天皇制を存続させようと考えていたGHQは極東委員会が活動する前に既成事実を作ってお

きたかったのです。

　マッカーサー草案を受け取った政府は、それに基づいて3月2日案をまとめ、GHQとの折衝を行い、3月6日に「憲法改正草案要綱」を発表しました。これを基にして4月17日に「憲法改正草案」が作成され、6月8日に枢密院で可決されました。6月20日、明治憲法73条により、憲法改正草案は衆議院に提出され、若干、修正された後、8月24日に圧倒的多数で可決され、貴族院に送付されました。貴族院でも、若干、修正された後、10月6日に圧倒的多数で可決され、翌7日、衆議院は貴族院の修正に同意しました。こうして帝国議会での審議が終了し、10月29日に枢密院が憲法改正案を可決しました。新しい憲法、つまり日本国憲法は、11月3日に公布され、1947年5月3日に施行されました。

　以上の経緯からわかるように、日本国憲法は明治憲法の改正手続に従って制定されました。新憲法の「制定」ではなく、明治憲法の「改正」という形をとっています。たしかに、日本国憲法の頭書きにあたる「上諭」（憲法の一部ではなく、単なる公布文にすぎないもの。なお、前文は憲法の一部をなします）には、「朕は、……帝国憲法第73条による帝国議会の議決を経た帝国憲法の改正を裁可し、ここにこれを公布せしめる」とあります。しかし、憲法改正には一定の限界があるとするならば、天皇主権をとる明治憲法を国民主権を唱う憲法に「改正」することは法理上、無理があると考えられます。主権者の交代は憲法そのものの基本的な性格の変更であり、「改正」前と「改正」後では同一の憲法であるとはいえません。そう考えなければ、日本国憲法の「改正」として国民主権から天皇主権への主権者の交代も可能となってしまいます。やはり、日本国憲法は、明治憲法の改正ではなく、新憲法の制定として生まれたものであると考えるべきでしょう。しかしまた、そう考えると、日本国憲法が明治憲法73条の憲法改正手続で生み出されたことをどう説明するかが問題となります。これについては、8月革命説という考えがあります。すなわち、国民主権を要請するポツダム宣言の受諾により、法的な意味での革命が起き、明治憲法のポツダム宣言に反する条項（天皇主権など）が無効と

なり、国民主権に基づいて日本国憲法が制定されたのであって、明治憲法73条は便宜的に利用されただけであるということです。

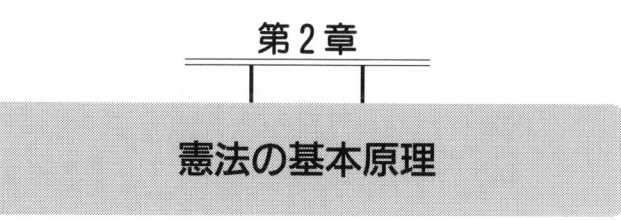

第2章
憲法の基本原理

I 個人・憲法・国家

　前章で見たように、憲法は国家の統治に関する基本的ルールです。それでは、憲法が規律の対象とする国家とはどういうものでしょうか。これには政治学、社会学あるいは歴史学などからのアプローチが可能ですが、ここでは日本国憲法の論理に適合的な国家像を考えてみます。すなわち、歴史的事実を離れて、論理的に想定される憲法の制定と国家の成立について考えてみます。

　まず、素朴な国家像として、政治の主役＝支配者は移り変わってきたにせよ、いわば自然発生的に日本という国家が出現し、連綿と続いてきたというイメージがあるかと思います。つまり、漠然と国家を自然的な所与と考え、そのような国家がたまたま憲法を作り、国民を支配するというイメージです。これに対して、日本国憲法は、前文で「そもそも国政は、国民の厳粛な信託によるものであって」と定めており、「信託」という言葉を使っています。この「信託」という言葉は、前章でも登場した自然法論＝社会契約論の立場に立つロックが「市民政府論」でキー・ワードとして使っていました。したがって、近代自然法論の論法を借りて、各人の生存や自由を確保するために、社会契約が結ばれ、国家が作られたと論理的に想定し、いわば国家の創出に先立って結ばれた社会契約が憲法であると考えることが適当かと思われます。国家を、所与としての自然発生的な共同体とは考えず、人間の理性の産物としての人工的で観念的な作り物であると考えるわけです。そうすると、国家

があるから憲法があるのではなく、憲法があるから国家があるということになります。

とはいえ、このような説明には、「そんな社会契約を結んだ覚えはない。そもそも自分が生まれたときには、すでに日本国憲法があったし、自分で日本国民になることを選択したわけでもない」といった反論が聞こえてきそうです。もちろん、社会契約論による説明はフィクションです。しかし、このフィクションは、日本国憲法に則していえば、まず、憲法22条2項の「国籍離脱の自由」により担保されています。もし、個人として日本国憲法という社会契約を破棄したければ、国籍を離脱することができるのです。また、憲法96条は憲法改正の手続を定めています。改正という以上、一定の限界があるとしても、憲法という社会契約は契約当事者である国民の多数意思により書き換えることが可能なのです。

ところで、各人の生存や自由を守るために国家を作ったわけですから、いわば国家は社会生活を営む諸個人のための道具であるといえます。しかし、道具も使い方を間違えるととんでもないことになります。自動車は目的地まで快適に移動できる道具ですが、使い方を間違えて事故を起こせば、単なる人殺しの道具になりかねません。国家もまったく同じであって、国家を作った目的に反して、暴走するおそれがあります。そのために、憲法には国家の活動を法で縛るための仕掛けが施されています。その意味で、憲法は、国家権力の正しい使い方のマニュアルだといえます。

II　個人の尊重と三大原理

国家権力をコントロールする仕掛けの要に当たるのが、憲法の基本原理です。一般に、基本的人権の尊重、国民主権、平和主義が日本国憲法の三大原理といわれます。これに加えて、権力分立、法の支配も重要な原理です。まず、基本原理の基本原理といえる個人の尊重（個人の尊厳）を考えてみましょう。

憲法13条前段は、「すべて国民は、個人として尊重される」と定めています。その意味は、有力な学説によれば、次のように説明されます。すなわち、「個人として尊重される」とは、「個人主義の原理を表明したものである」。「個人主義とは、人間社会における価値の根元が個人にあるとし、なににもまさって個人を尊重しようとする原理をいう」。「個人主義は、一方において、他人の犠牲において自己の利益を主張しようとする利己主義に反対し、他方において、『全体』のためと称して個人を犠牲にしようとする全体主義を否定し、すべての人間を自主的な人格として平等に尊重しようとする」。「個人主義は、基本的人権の尊重を要請し、そこから、国民主権そのほかの民主主義的な諸原理が生まれる」と（宮沢・コンメ197頁）。

　そもそも、各人は顔かたちがそれぞれ異なるように、他に同じ人がいない唯一の存在です。この世で唯一の存在である個人の価値を総体的に比べる基準はありません。したがって、各人は他と比較できない独自の価値を持つ存在です。このような個人が集まって国家を形成するのですから、国家が一人ひとりの個人の独自の価値を尊重するのは当然であり、国家権力もこの要請に即して組織されなければなりません。一人ひとりの個人が個人として尊重されるということは、個々人が自分の人生のレールを自分で引いていくことができるということでもあります。したがって、「自分のことは自分で決める」ということは当然のことです。しかしながら、国家という共同社会の運営に関するルールの設定についてはそうはいえませんから、「自分のことは自分で決める」に最も適合的な「自分たちのことは自分たちで決める」（「自分たちのことを知らないところで誰かが決める」よりはずっと優れているでしょう）という民主主義＝国民主権が導出されます。また、民主主義を踏まえた共同社会のルールといえども、個人の尊厳を必要に応じて具体化した基本的人権を尊重しなければなりません。というのは、そもそも個人の尊厳を守るために国家が作られたはずだからです。その意味で、基本的人権は多数決でも奪うことができないものです。さらに、戦争は国家を守るという大義名分で国民の生命や財産を危険にさらすことになりますが、国家は国民の生命や財産を

第2章　憲法の基本原理

守るための手段ですから、手段のために目的を犠牲にすることは理屈に合いません。したがって、日本国憲法は平和主義を基本原理としているのです。

　要するに、個人を尊重することは、社会契約により作られた国家の目的そのものであり、基本的人権の尊重、国民主権、平和主義という基本原理は個人の尊重という原理から引き出されるものです。その意味で、個人の尊重は基本原理の基本原理といえます。

III　権力分立

　上に述べたように、究極の基本原理は個人の尊重であり、これは基本的人権の尊重に直結します。個人の尊厳が守られつつ、社会的な共同生活を営むために国家が創出されます。その目的に沿って国家が活動する根拠が憲法により与えられ、国家の権力行使が憲法により制御されます。このような考え方が立憲主義です。国民主権原理は国家権力の源は国民にあるとし、国家権力が民主的に組織されることを求めます。平和主義は、戦争が市民生活を破壊するものであるとして、徹底的にこれを避けることを求めます。ただし、憲法はこれらの原理だけで成り立っているわけではありません。権力分立や法の支配も重要な原理です。

　権力分立原理は民主的に組織された権力といえども、１カ所に集中すれば濫用の危険があるとして、その分散を求めます。一般に、権力分立は、立法、行政、司法の三権分立ともいわれます。ここで、立法とは法律を作ることであり、行政とは法律を使うことであり、司法とは法律により法的紛争を解決することです。日本国憲法は、41条で「国会は、……唯一の立法機関である」とし、65条で「行政権は、内閣に属する」とし、76条で「すべて司法権は、最高裁判所及び法律の定めるところにより設置する下級裁判所に属する」と定めています。権力分立という言葉は使っていませんが、明らかに三権分立を原理としています。

　それではなぜ、二権や四権の分立ではなく、三権の分立なのでしょうか。

それは国家による共同社会の管理・運営は隅々まで憲法や法律などの法によらなければならず、そうすることによって国民の権利や利益が守られるとする法の支配という考え方とかかわりがあります。すなわち、法の支配の考えからすると、国家が活動するためには、まず、共同社会の利害を調整するルールが設定されなければなりません。民主主義の観点からすると、このルールは国民の権利や義務にかかわってくるので、国民の代表者である国会が制定する法律という形式で作られなければなりません。ともあれ、すべての人を対象とした一般的なルールである法律を作る立法が国家の活動の口火となります。次に、法律を作る立法者が同時に法律を具体的に用いる、つまり法律を執行することができるとすると、あまりに立法者に権力が集中することになりますから、法律の執行は行政機関に任されます。行政機関は法律に従って活動し、一般的なルールである法律を関係する個々人に用います（法律による行政）。このとき法的紛争が発生することがありますが、紛争の当事者である行政機関がこの紛争を解決するのでは誰も納得しませんし、行政機関に権力が集中することにもなります。したがって、法的紛争の解決は予め国会が制定した法律に従って裁判所により行われることになります（法律による裁判）。このように国家の活動が法の支配の観点から三段階の構造をなしているので、権力分立は一般的に三権分立となるのです。

　たとえば、Aさんが飲食店を開業しようとしているとします。飲食店の開業については食品衛生法という法律があり、勝手に開業することはできません。食品衛生法には飲食店を開業する場合、行政機関（この場合は都道府県知事）の許可を受けなければならないと定められています。不衛生な飲食店のせいで食中毒が発生しては困るからです（おいしいか、まずいかは関係ありません）。したがって、Aさんは行政機関に開業の申請をしなければならず、行政機関は法律に従って開業を許可したり、許可しなかったりします。もし、開業が許可されなかった場合、Aさんが自分の店は衛生的なのにどうして許可されなかったのか納得できないならば、裁判所へ行き、その行政機関を相手にしてなぜ許可されなかったのか争うことができます。もちろん、Aさん

が裁判に勝っても、行政機関の下した不許可という判断が白紙に戻るだけで、すなわち、それが取り消されるだけで、裁判所が行政機関に代わってAさんに開業の許可を与えてくれるわけではありません。もし、そうだとしたら、裁判所が行政機関の権限を横取りしたことになってしまい、それこそ権力分立原理に反することになります。こうして、国家、とくに行政機関の活動の適法性と国民の権利保障が確保されるわけです。

Ⅳ　法の支配

　法の支配は、イギリスの中世における法優位の思想に淵源を持ち、「国王も神と法の下にあるべきである」という言葉にその本質がよく表れているといわれます。法の支配は予め制定されている客観的なルールによって国家機関を拘束することにより、恣意的あるいは専断的な支配を排除し、国民の自由を保障するという考え方です。法の支配にいう「法」とは、イギリスでは歴史的に裁判所の判例により確認されてきたコモン・ローでした。この法の支配という考えは、アメリカに渡り、そこでは最高法規としての憲法という観念とその実効性を裁判所が担保する違憲審査制として発展しました。

　有力な学説によれば、法の支配の内容としては、①憲法の最高法規性の観念、②権力によって侵されない個人の人権、③法の内容・手続の公正を要求する適正手続、④権力の恣意的行使をコントロールする裁判所の役割に対する尊重などが挙げられます（芦部・憲法14頁）。しかし、このように理解すると、立憲主義という言葉にほぼ等しいものとなってしまいます。立憲主義と区別して法の支配という言葉を使うならば、その沿革からして、④の意義がとくに重要な内容になるでしょう。しかし、むしろ法の支配が実現される条件に着目して、法の支配は、「①法が一般的抽象的であり、②公示され、③明確であり、④安定しており、⑤相互に矛盾しておらず、⑥遡及立法（事後立法）が禁止され、⑦国家機関が法に基づいて行動するよう、独立の裁判所によるコントロールが確立していること」を要請していると考えることが適

切でしょう（長谷部・憲法 21 頁）。

V　憲法の最高法規性と法の段階的構造

　国家機関が従うべき「法」には、大まかにいって、①憲法、②法律、③命令という種類（形式）があります。法的ルールは、それが書き込まれている法の形式に対応した効力（形式的効力）に上下の関係が認められます。すなわち、国家の法秩序は、上から憲法－法律－命令の順に段階的な構造をとっており、下位の法は上位の法に反してはならないとされます。法律は憲法に違反してはならず、命令は法律に違反してはなりません。

　①憲　　法　　憲法 98 条 1 項は、「この憲法は、国の最高法規であつて、その条規に反する法律、命令、詔勅及び国務に関するその他の行為の全部又は一部は、その効力を有しない」と定め、憲法が、国家の法秩序において最も高い形式的効力を持つ最高法規であるとしています。ただし、日本国憲法は、憲法典の形をとる成文憲法であり、また、法律の制定改廃よりも憲法の改正のほうが手続的に難しい硬性憲法ですから、その形式的効力が最高であることは論理的に当然のことです。むしろ、憲法が最高法規であることは、その内容に着目して、個人の尊重から派生する基本的人権を保障し、そのために最も適合的な民主的な政治制度を規定していることに求められるべきでしょう。つまり、人権という奪うことのできない最も大切なことなどが規定されているから、憲法は最高法規であり、その改正には慎重な手続が要求されているのだということです。そう考えると、憲法第 10 章「最高法規」の冒頭に、人権が「侵すことのできない永久の権利」であることを宣言する憲法 11 条と同趣旨の 97 条が置かれていることも理解できます。

　②法　　律　　法律とは、国会が制定する法規範をいいます。法律は、その時々の政治的経済的社会的問題を処理するために政策的な判断に基づいて制定されます。また、国民の権利や義務に関する法的ルールは法律で定められなければなりません。違憲審査制が普及する以前、民主主義の要請とし

て、国民の権利や自由は国民の代表者が作る法律により守られると考えられていたからです。なお、「日本国民たる要件は、法律でこれを定める」（憲法10条）というように、憲法自身がある事柄について法律で定めることを要求しているために制定される場合があります。

　③命　　　令　　命令とは、行政機関が制定する法規範をいいます。内閣が制定するものを「政令」といいます。各省大臣が制定するものを「省令」、内閣府が制定するものを「内閣府令」といいます。同じ命令でも、政令のほうが省令や内閣府令よりも格上です。命令は法律を執行するための細則として、または法律の委任を受けて制定されます。通常、政令は「〇〇法施行令」、省令は「〇〇法施行規則」という名称を付されます。また、内閣から独立した特別な行政機関が命令を制定する場合、「規則」といわれます。その例として、会計検査院規則や人事院規則があります。なお、命令とは区別される「規則」もあります。つまり、衆議院規則・参議院規則（憲法58条2項）と最高裁判所規則（憲法77条）です。これらの規則は、自律性または独立性の高い国家機関である各院や裁判所が主にその内部の規律について自主的に定めるものです。これらの規則よりも法律が優位すると一般的には考えられています。

　この他、国家の法秩序には、条約と条例が含まれます。条約は、国家間の取り決めです。条約は内閣が締結しますが、国会の承認が必要とされています（憲法73条3号）。条約は公布される（憲法7条1号）と、国内法としての効力を持ちます。条約の効力は憲法と法律の中間にあると考えられています。

　条例は、都道府県や市町村といった地方公共団体が制定する法規範です。条例は、「法律の範囲内」（憲法94条）で制定されなければなりません。

第3章

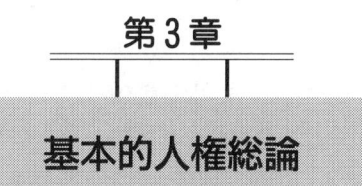

基本的人権総論

I　人権の享有主体

　日本国憲法の第三章は、「国民の権利及び義務」と題されていますが、基本的人権は、人間なら誰でも有する権利と考えられています。一般の国民（成年の男女）が完全な人権の享有主体であることは疑う余地がありませんが、未成年者、天皇・皇族、法人、外国人については、一般の国民と同じように扱われるのかという問題があります。

　①未成年者　　未成年者も国民に含まれますが、心身ともに発達途上にあり、思考や判断が未成熟であるため、憲法は成年者による普通選挙（15条3項）や児童の酷使の禁止（27条3項）を定め、未成年者と成年者を異なって扱っています。また、明文の規定はありませんが、未成年者を保護する観点から、その権利や自由が制限されることがあります。たとえば、地方自治体によっては、青少年の健全な成長のために有害図書への接近（知る自由）を条例で規制することがあります。

　②天皇・皇族　　天皇も国民に含まれますが、皇位が世襲であること、象徴たる地位にあること、および国政に関する権能を持たないことから、選挙権・被選挙権は認められず、婚姻の自由、財産権、表現の自由などが一定の制約を受けます。皇族についてもほぼ同様のことがいえます。

　③法　　人　　法人とは、会社のように、不動産の取得や売買取引などを行うことができる団体です。人権の主体は人間であることからすると、法人に人権が認められることはなさそうです。しかし、法人の活動から自然人

（人間のこと）が福利を得ることや法人が独立した重要な活動主体となっていることから、一般的には、法人にも性質上可能な限り人権規定が適用されると考えられています（たとえば、選挙権は認められませんが、プライバシー権は認められます）。最高裁も、会社の政治献金が問題となった八幡製鉄事件判決において、会社は自然人である国民と同様に政治的行為をなす自由を有し、その一環として政治資金の寄付もなしうると判示しました（最大判1970・6・24民集24・6・625）。しかし、法人に一定の人権が認められるとしても、その法人の活動に不可欠な人権に限定されるべきであり、自然人の人権に優越するほど法人の人権の範囲を不当に拡張してはなりません。

④外　国　人　　外国人にも、性質上可能な限り人権規定が適用されると考えられています（詳しくは、第16章を参照）。

II　人権の制約可能性と判断基準

(1) 内在的制約と公共の福祉

　近代憲法では、国民の代表者が作った法律により国民の人権を保障しようと考えていました。すなわち、法律によって、社会全体の利益と人権を調整し、あるいは人権相互間の対立を調整しようと考えていました。現代憲法では、法律による人権侵害、つまり、法律による利害の調整の失敗による不当な人権の規制がありうるので、違憲審査制により人権を保障しようと考えるようになりました。法律が過度に人権を制約することにより憲法に違反していないかを裁判所が判断することになったので、人権を過度に制約しているのではないかと違憲の疑いをかけられた法律の合憲性を判断する方法（違憲審査基準）を整えることが、人権保障のために重要になりました。ここでは、以上の観点から、まずは、公共の福祉論から検討していきます。

　憲法12条は、国民は憲法が保障する自由や権利、つまり基本的人権を濫用してはならず、「公共の福祉のために」利用する責任を負うと定めていま

す。また、憲法13条は、生命、自由および幸福追求に対する国民の権利、つまり基本的人権については「公共の福祉に反しない限り」国政の上で最大限の尊重を必要とすると定めています。したがって、すべての人権は公共の福祉により制限されうると読むことができます。しかし、経済的自由権に含まれる憲法22条の職業選択の自由と29条の財産権の規定だけには、あらためて公共の福祉による制限が明示されており、他の人権規定、たとえば、憲法21条の表現の自由の規定には公共の福祉による制限は明記されていません。そこで、憲法12条・13条の公共の福祉と憲法22条・29条の公共の福祉の意味が問題となります。

　通説的見解は、次のように述べています。①公共の福祉とは、人権相互の矛盾・衝突を調整するための実質的公平の原理である。②この意味の公共の福祉は、「公共の福祉」という文言を含む憲法の明文規定にその根拠を持つのではなく、憲法の理念から、基本的人権の保障に論理必然的に内在している。③憲法12条と13条が公共の福祉に言及しているのは注意的な意味を持つにすぎず、憲法22条と29条が特に公共の福祉という言葉を使っているのは、これらの権利については各種の制約がとくに予想されるという理由による。④公共の福祉は、自由国家的公共の福祉の側面と社会国家的公共の福祉の側面を持つ。⑤自由国家的公共の福祉は、各人に自由権を公平に保障するための制約を根拠づけ、この場合、必要最小限度の規制が認められる。⑥社会国家的公共の福祉は、社会権を実質的に保障するための自由権の制約を根拠づけ、この場合、そのために必要な限度における規制が認められる（宮沢・憲法Ⅱ228頁以下、宮沢・コンメ198頁以下）。

　換言すれば、すべての人が社会生活を営む以上、他者の人権を害してまで自分の人権を全面的に主張することはできないので、すべての人権は人権相互の矛盾・衝突を調整するための実質的公平の原理＝公共の福祉に服さなければなりません（なお、個人の人権に還元できない社会全体にかかわる一般的利益とある人権が調整される必要もあると考えられるので、一般的利益も公共の福祉の内容となると考えられます）。国民の代表者による調整の結果が法律として示されます。

したがって、法律が人権を規制しているかのように見えますが、その調整の結果が適切であるか否かは、具体的な訴訟の中で違憲審査権を持つ裁判所が判断します。ところで、そもそも、憲法という社会契約が成立し、国家が作られる以前から、個々人は自然権としての人権を持って社会生活を営んでいたとすれば、そのような状態においても、個々人は他人の人権を害してまで自分の人権を主張することはできなかったと考えられます。もし、そうではないとすれば、人間性を否定することになります。いわゆる自然状態においても、人間は獣ではなかったはずです。すなわち、各人の人権相互の矛盾・衝突を調整するための実質的公平の原理が、社会生活を営む人間の人間性に基づいて存在していたはずです。ただ、個々人の権利や利益を調整する権威を持つ国家あるいは政府がまだ作られていなかっただけです。したがって、国家を作り出した憲法の中に人権相互の矛盾・衝突を調整するための実質的公平の原理＝公共の福祉が含まれ、憲法により保障された人権がそれに服することはもともと織り込まれているわけです（内在的制約）。当初、国家が自由国家理念に基づいていたとき、国家は社会秩序の維持と危険の防止の観点から、各人の人権を調整していました（自由国家的公共の福祉）。その後、国家の理念が発展し、社会国家理念が登場すると、国家は、実質的な平等を確保し、社会権を実効的に保障する観点から、とりわけ社会的・経済的弱者を保護する配慮を政策的に行うことが求められ、その限りで、社会的・経済的強者の権利と社会的・経済的弱者の権利を調整するようになりました（社会国家的公共の福祉）。

(2) 比較衡量論

上に見たように、公共の福祉は人権を制約する根拠となるものですが、これを人権相互の矛盾・衝突を調整するための実質的公平の原理といってみても、非常に抽象的な基準です。むしろ、公共の福祉は人権相互の矛盾・衝突を調整する基準というよりも、人権が一定の制約に服することの根拠でしかなさそうです。とくに、裁判所が人権を規制する法律の合憲性を判断するた

めによるべき基準（違憲審査基準）としては、公共の福祉という基準は抽象的すぎて役に立ちません。そこで、より具体的な違憲審査基準として、比較衡量論が登場しました。

比較衡量論は、人権の制限が問題となる個々の具体的な事例において、ある人権を制限することによりもたらされる利益と、それを制限しない場合に維持される利益とを比較衡量して、前者の利益が大きいと判断される場合には、その人権を規制することができるとします。最高裁も、全逓東京中郵事件判決（第14章Ⅴ(2)を参照）などでこの考え方を採用しています。比較衡量論は公共の福祉論よりも優れた考え方ですが、考慮されるそれぞれの利益の重さを判定するための確たる基準がないため、比較衡量に場当たり的な感じが残ることが否めず、人権制限を正当化するために政府が主張する利益（たとえば、国民生活全体の利益など）が優先されがちになるという欠点を持ちます。したがって、比較衡量論は、「同じ程度の重要な二つの人権（たとえば、報道の自由とプライバシー権）を調節するため、裁判所が仲裁者としてはたらくような場合に原則として限定して用いるのが妥当であろう」といわれています（芦部・憲法99頁）。

(3) 二重の基準論

公共の福祉論や比較衡量論の欠陥を克服する違憲審査基準論として登場したのが、二重の基準論です。これはアメリカの判例理論を参照した考え方であり、人権を規制する法律の違憲審査に際して、すなわち、裁判官が法律により示された調整の結果の適切さを判断するに際して、精神的自由を規制する法律と経済的自由を規制する法律について異なる違憲審査基準を使い分けるべきであるとします。精神的自由の規制立法の合憲性の審査には厳格な基準を適用して、経済的自由の規制立法の合憲性の審査にはそれよりも緩やかな基準を適用して判断することになります。

表現の自由などの精神的自由は民主的な政治プロセス自体を支えるものなので、もし、立法者（国会）が精神的自由を過度に規制すると、多元的な情

報が社会の中を流通しなくなり、民主政治が機能不全を起こし、取り返しがつかなくなってしまいます。たとえば、選挙の際に、国政に関する情報がまったく提供されていなかったら、有権者はどの候補者に投票するか決めることさえできなくなってしまいます。この場合、そのような法律を作ってしまった立法者に代わって裁判所が積極的に介入して精神的自由に対する過度の規制を是正し、民主政治の正常なプロセスを回復し、維持しなければなりません。そのため、裁判官は、立法者が主張する規制の目的が真にやむにやまれぬほど必要不可欠な利益を持つか、法律が採用する規制手段がその立法目的を達成するためにどうしても必要不可欠な最小限度のものであるか、規制の対象となっている精神的自由の行使に「明白かつ現在の危険」があるか、などを審査することになります。これが厳格な審査基準を適用するということの意味です。

　これに対して、法律が過度に経済的自由を規制したとしても、民主制の政治プロセスが正常に機能していれば、そのような法律に対する異論が世論となり、それを受けて過度の規制を国会が自ら是正することができますし、民主主義の観点からは、裁判所が積極的に介入するよりも、まずは国民の代表者が議論を尽くすほうが適当です。また、経済的自由は社会国家的公共の福祉に基づいて政策的に規制されますが、裁判所よりも政治部門（国会・内閣以下の官僚制）のほうが政策形成能力が高いので、裁判所が経済的自由を政策的に規制する法律の違憲審査を積極的に行い、政治部門の判断に自己の判断を代置することは望ましいことではありません。むしろ、裁判官は政治部門の判断を尊重すべきだといえます。したがって、裁判所は、経済的自由に対する規制立法の違憲審査を行う場合、その立法目的と立法目的の達成手段に合理性があるかどうかを審査することになります。これが相対的に緩やかな基準を適用するということの意味です。

　精神的自由と経済的自由以外の人権についても、以上のような考え方を踏まえて、個々の人権の制約が適切であるか否かを慎重に判断していくことになります。

III　特別な法律関係における人権の制限

　かつて公務員や在監者は、一般の国民と国家権力の間の一般権力関係という支配関係とは異なる「特別権力関係」にあるとされていました。特別権力関係は、法律の定め（在監者の場合）や本人の同意（公務員の場合）により成立し、そこでは、①公権力が包括的な支配権を持つので、法律の根拠がなくても命令を与え、懲戒をなすことができる、②さらには、法律の根拠がなくても、人権を制限できる、③裁判所による救済はみとめられない、などと考えられていました。さすがに、基本的人権の尊重を唱う日本国憲法の下では、この考え方は見られなくなりました。法律の根拠なく人権を制限することはできないし、不服があれば裁判所を通じて救済されうると考えられています。ただし、現在でも、一般的には、国家権力と公務員や在監者の間の関係は、「特別な法律関係」ととらえられています。とはいえ、特別な法律関係にあるから人権の制限が大幅に認められるということではなく、それぞれの法律関係の特質に応じて、一定の人権が一定の理由・目的のために一定程度制約されうることがあるということです。

　このような観点からすると、公務員の政治活動や労働基本権の制限が問題となります（公務員の労働基本権については、第14章参照）。最高裁は、国家公務員法102条による国家公務員の政治活動の制限が争われた猿払事件判決において、行政の中立的運営とこれに対する国民の信頼の確保という規制目的は正当であり、公務員の政治的中立性を損なうおそれのある政治的行為を禁止することは、禁止目的との間に合理的関連性があり、禁止により得られる利益は失われる利益に比してさらに重要であるとし、国家公務員法102条を合憲としました（最大判1974・11・6刑集28・9・393）。しかし、本件の公務員は機械的労務を行う郵便局員であって、公務員たる地位を利用したわけでもなく、選挙用のポスターを掲示・配布しただけです。このことにより行政の中立的運営が妨げられるとは考えられません。実態に即した判断が求められるとこ

ろです。

　また、在監者（受刑者・未決拘禁者）の人権制限は、刑罰としての拘禁、逃亡・罪証隠滅の防止、施設内の規律の維持、受刑者の矯正といった正当な在監目的を達成するための必要最小限度の制限でなければなりません。未決拘禁者が購読していた新聞の「よど」号ハイ・ジャック事件に関する記事を拘置所長が全面的に抹消したことが争われた事件において、最高裁は、監獄内の規律や秩序の維持に放置することができない障害が生ずる相当の蓋然性があれば、新聞の閲読を禁止または制限できると判示し、拘置所長の処分を適法としました（最大判1983・6・22民集37・5・793）。しかし、本件の新聞記事を未決拘禁者が読んだからといって、監獄内の秩序が維持できなくなる具体的な危険があるとは考えられません。拘置所長の裁量的判断をあまりにも尊重しすぎているのではないかとの疑問が残ります。総じて、特別な法律関係の特別さが強調されすぎているきらいがあります。

Ⅳ　私人間における人権規定の効力

　伝統的に憲法が国民に保障する人権は、国家に対する権利であり、とくに自由権は、「国家からの自由」を意味すると考えられてきました。歴史的に見て、個人の人権を侵害してきたのは国家権力だったからです。その後、資本主義が高度に発達すると、企業、労働組合、各種の職能団体や社会的団体が組織され、大きな力を持つようになり、これらの私的団体が個人の人権を侵害する事態が生じるようになりました。そこで憲法の人権規定を私人間でも適用し、人権を実効的に保障する必要があるのではないかということが問題となりました。これについては、非適用説（無効力説）、直接適用説（直接効力説）および間接適用説（間接効力説）が対立しています*。

　　*ただし、どの説によっても、ある人権規定がその趣旨や文言から直接的な私人間効力を持つことや反対に国家に対してのみ効力を持つことは否定されません。たとえば、「選挙人は、その選択に関し公的にも私的にも責任を問はれない」とする15条4項、奴隷的拘束からの自由を定める18条、児童の酷使禁止を定める27条3項、労働基本

権を定める28条などは、明らかに直接的な私人間効力を持つ規定です。反対に、33条以下の刑事手続上の権利などは本来的に国家に対する権利であるといえます。

　非適用説は、本来、人権規定は国家に対するものであるから、私人間には適用されないとします。これに対して、直接適用説は、人権は法秩序全体における最高の価値であるから、当然、人権規定は私法関係（私人同士の法律関係）においても適用されるとします。非適用説によれば、私的自治や契約の自由を尊重することになりますが、法律が適切に利害を調整しない限り、私人間での人権侵害を放置することになりかねません。逆に、直接適用説によると、人権の対国家性があいまいになり、また、市民社会の基本原理である私的自治が大幅に制約されるおそれがあります。人権の対国家性をあいまいにせず、私的自治を尊重しつつ、同時に、私人間での人権侵害を放置しないためには、間接適用説が妥当な考え方であるといえます。これは、私人間の人権侵害が問題となっている事件に民法90条（「公ノ秩序又ハ善良ノ風俗ニ反スル事項ヲ目的トスル法律行為ハ無効トス」）を適用しつつ、「公ノ秩序」という文言に憲法の人権規定の趣旨を盛り込むことにより、間接的に人権規定を私人間でも適用しようとします。

　最高裁は、男女別定年制を定める就業規則が問題となった日産自動車事件判決において、それが性別による不合理な差別に当たるとして、民法90条により無効としました（最判1981・3・2民集35・2・300）。

　また、入社試験時の学生運動歴に関する虚偽の申告を理由とした試用期間後の本採用の拒否が争われた三菱樹脂事件で、最高裁は、憲法の人権規定は、「もっぱら国または公共団体と個人との関係を規律するものであり、私人相互の関係を直接規律することを予定するものではない」としつつ、「社会的に許容しうる限度を超える」人権侵害があった場合、民法1条・90条および不法行為に関する規定などを適切に運用することにより解決できるとしました。なお、企業が労働者の採用にあたり、その思想・信条を調査し、これに関する申告を求めることは違法ではなく、また、特定の思想・信条を理由として採用を拒んでも、それを当然に違法とすることはできないとしました

第3章　基本的人権総論

(最大判 1973・12・12 民集 27・11・1536)。

第4章

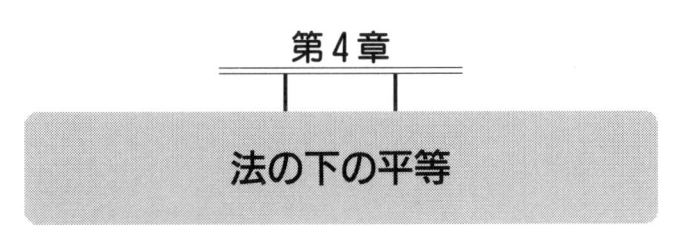

法の下の平等

I 平等思想の歴史

　平等という考えの起源は、遠くヨーロッパの古代や中世にまで遡ることができます。たとえば、古代ギリシャの哲学者アリストテレスは、すべての人を等しく扱うという「平均的正義」と、等しくないものはそれに応じて扱うという「配分的正義」を区別しました。これは現代の平等思想にも通じる考えですが、当時のギリシャは奴隷制を認める社会でしたから、奴隷を除いた自由民相互の平等にすぎませんでした。また、キリスト教が支配的であった中世ヨーロッパでは、「神の前の平等」という考えがありましたが、世俗の世界では封建領主と農奴といった不平等な身分制度が当然のこととされていました。

　ようやく近代になって、「すべての人は生まれながらにして平等である」という近代自然法の考えが定着しました。たとえば、アメリカ独立宣言 (1776年) は、「すべての人は平等に造られ」ていることを「自明の真理である」としました。また、フランス人権宣言 (1789年) は、「人は、自由かつ権利において平等なものとして生まれ、存在する。社会的差別は、共同の利益に基づくのでなければ、設けられない」(1条) と定めました。このように平等は自由と深く結びついて、個人を身分制社会から解放する役割を果たしたのです。

　しかし、近代的な平等の考えは、「権利において平等」というフランス人権宣言のいい方からもわかるように、「形式的平等」の保障にとどまるものでした。すべての人を法的に等しく取り扱うことにより、各人の権利行使の可能

性、とくに自由な経済活動を平等に保障するものでした。要するに、それはすべての人を同じスタートラインに置く「機会の平等」であって、同時にゴールするという「結果の平等」ではありません。自由競争が行われる社会では、機会の平等は自由と両立しますが、結果の平等は各人の努力の成果を適正に評価しないので、その自由な活動を損なうと考えられたのです。したがって、資本主義の発達に伴って、実際には、持てる者（資本家）と持たざる者（労働者）の格差が広がり、事実上の深刻な不平等が生み出されたのです。

そこで、20世紀になると、社会保障や社会的経済的政策を通じて、社会的経済的弱者を保護し、現実の不平等を緩和ないし解消することによって「実質的な平等」を達成することが国家の責務であると考えられるようになりました（社会権の登場、経済的自由への政策的規制の容認）。ただし、ここにいう「実質的平等」は、結果の平等を意味するものではありません。努力した人もしなかった人も同じものを手に入れるというのは不合理ですし、国家による結果の平等の押しつけは、個人の自由を圧殺しかねないからです。要するに、財産、収入、性別、教育、身体の障害などにより不平等が固定し、社会構造に組み込まれている場合、機会の平等は形骸化しているので、実質的平等の考えに基づいて国家が何らかの措置を講じることにより、機会の平等を現実に保障することを現代の平等思想は求めているのです。

II　日本国憲法の平等規定

明治憲法には、平等に関しては、「日本臣民ハ法律命令ノ定ムル所ノ資格ニ応シ均ク文武官ニ任セラレ及其ノ他ノ公務ニ就クコトヲ得」（19条）という規定しかありませんでした。これに対して、日本国憲法は、14条1項で、一般的に「法の下の平等」を定め、人種・信条・性別・社会的身分・門地による差別を禁止し、個別的に、貴族制度の廃止（14条2項）、栄典に伴う特権の禁止（14条3項）、成人による普通選挙（15条3項）、議員および選挙人の資格の平等（44条）、家族生活における平等（24条）、ひとしく教育を受ける権

利 (26条) に関する規定を置いています。このようにかなり徹底した平等保障が図られていますが、世襲による天皇制は憲法自身が明示する平等原則の例外です。

　ここで、家族生活における「個人の尊厳」と「両性の本質的平等」を定める憲法24条について触れておきます。家父長制的な性格が強い戦前の「家」制度は、社会における男尊女卑の風潮の温床であって、個人の自律・独立を圧迫する役割を果たしていました。そこで、憲法24条は、戦前の「家」制度を解体するため、「①婚姻は、両性の合意のみに基いて成立し、夫婦が同等の権利を有することを基本として、相互の協力により、維持されなければならない。②配偶者の選択、財産権、相続、住居の選定、離婚並びに婚姻及び家族に関するその他の事項に関しては、法律は、個人の尊厳と両性の本質的平等に立脚して、制定されなければならない」と定めています。現在、夫婦別姓が問題となっていますが、夫婦同姓の法律による強制 (民法750条) は、個人の尊厳 (姓名という個人のアイデンティティ) を侵害するか否かという観点から再検討されるべきです。

　それでは、一般的な平等原則を定める憲法14条1項について、以下、分説します。

III　「法の下の平等」の意味

　憲法14条1項は、「すべて国民は、法の下に平等であつて、人種、信条、性別、社会的身分又は門地により、政治的、経済的又は社会的関係において、差別されない」と定めています。

　憲法14条1項前段の「法の下の平等」については、2通りの解釈があります。第1の解釈は、法の「下に」平等を文字通り解釈して、立法権により制定された法 (法律) があって、その下で国民は平等に扱われるという読み方です。すなわち、行政権や司法権が法を適用するに際して、国民を差別してはならないという「法適用の平等」のみを意味し、法を制定する立法権は

平等原則に拘束されないとします(立法者非拘束説)。しかし、それでは、国会は差別的な法律を制定することができることになってしまい、憲法に平等原則を定め、違憲審査制を置いた意味がなくなってしまいます。不平等な内容の法律をいかに平等に適用しても、平等の保障は達成されることはありません。したがって、法の下の平等とは、法適用の平等だけでなく、「法定立の平等」も含み、立法権も拘束するとする第2の解釈が広く支持されています(立法者拘束説)。要するに、平等な内容の法律が、平等に適用されなければならないのです。

Ⅳ 「平等」の意味

　法の下の平等を法適用の平等と解すれば、機械的、画一的に法を適用するだけで平等原則の要請を満たしたことになるので、難しい問題は生じません。しかし、法の下の平等を法定立の平等も含むと解すると、法の内容としてどのようなものであれば平等原則に適合するのかという難問に突き当たります。なぜなら、性別、年齢、肉体的能力、知的能力、財産、収入、職業などの多様な「事実上の差異」を持っている諸個人を平等に扱わなければならないからです。

　ここで、指針となる考え方は、「等しいものは等しく扱い、等しくないものは異なって扱う」ということです。事実上の差異を持つ諸個人を、その差異を一切無視して、法的に完全に均等に扱うこと(絶対的平等)が適切な場面もあるし、反対に、そのように扱うとかえって不合理な結果となってしまうこともあります。その場合は、各人の事実上の差異を考慮してその差異に応じて異なった法的取り扱いをすること(相対的平等)が適切だといえます。たとえば、選挙権は性別、財産などの各人の事実上の差異を捨象して、1人1票とすることが合理的だと考えられます(もちろん、政治的判断能力があるか否かという観点から成年者にだけ選挙権を認めることは、年齢による差別ですが合理的だと考えられます)。他方、母性の保護の観点から、女性にのみ有給の出産休暇を認め

ることや、各人の税金を支払う能力に応じて税率に差異を設ける累進課税制度は、等しくないものを異なって扱うことにより、実質的に平等を確保するものと考えられます。このように相対的平等の観念に立つと、合理的な異なる取扱い（合理的区別）が許容されます。その合理性は、異なる取扱いの目的、必要性、程度などを考慮して判断されます。要するに、絶対的平等と相対的平等をうまく使い分けることが大切なのです。

　ただし、「等しくないものは異なって扱う」という相対的平等の観念も、決して一義的で明確な基準を提供するのものではありません。たとえば、累進課税制度を例にして考えてみましょう。Aが1000万円、Bが300万円の収入があったとして、一律100万円の所得税を徴収することは絶対的平等に適合しますが、ここで絶対的平等によることは不合理なことです。やはり、相対的平等の観点から収入の違いを考慮して徴税することが合理的だといえます。そこで税率は同じにしつつ税額に差をつけることが考えられます。税率を20％とすると、税額はAが200万円、Bが60万円となります。両者の収入の比率と税額の比率がともに10対3になっており、一応、収入に応じて税額も高くなっています。しかしながら、これでほんとうに平等なのかというと、そうともいえません。税金を支払う能力は収入に応じて累進的に高まるという観点やBの生存権保障という観点から、たとえば、Aの税率を30％にし、Bの税率を10％にするほうが実質的には平等だといえます。この場合、Aの税額は300万円、Bの税額は30万円となります。両者の収入の比率は10対3ですが、税額の比率は10対1です。ただし、両者の税額の比率をどの程度にするかは、相対的平等の観念により一義的に決まるわけではなく、その比率が15対1でも20対1でもいいともいえるでしょう。

V　差別禁止事由の意味

　憲法14条1項後段は、「すべて国民は……人種、信条、性別、社会的身分又は門地により、政治的、経済的又は社会的関係において、差別されない」

と定め、具体的に差別禁止事由を列挙しています。この列挙を限定的に解する見解もありますが、例示的なものと解することが適切です。これは通説、判例の立場でもあります（最大判1964・5・27民集18・4・676）。ここに列挙された事由に該当しない場合でも、不合理な法的に異なる取り扱いは、法の下の平等からしてすべて禁止されます。ただし、そう解すると、わざわざ憲法が人種、信条、性別、社会的身分、門地を明示的に列挙した意味がなくなるように思われます。そこで近時の有力説は、この列挙に特別な意味を認めています。すなわち、これらの事由は、経験的に見て不合理な差別的取り扱いの口実として利用されてきたことに留意して、憲法はとくに警戒したのであるから、これらの事由による異なる法的取り扱いは、まずは不合理な差別と疑われることになります。そして、公権力の側がそのような異なる取り扱いがやむにやまれぬほど必要不可欠であること、または、実質的な平等を達成するのにどうしても必要であることを立証すれば、不合理な差別との疑いは取り除かれ、合理的区別として許容されることになります。

Ⅵ　列挙されている差別禁止事由

①人　　種　　人種は身体的特徴による人類学上の分類ですが、社会科学上の分類である民族もこれに含めてよいでしょう。これについてはアイヌ民族問題が重要です。1899年の北海道旧土人保護法に代えて、1997年に「アイヌ文化の振興並びにアイヌの伝統等に関する知識の普及及び啓発に関する法律」が制定されました。

②信　　条　　信条は宗教的信仰だけでなく、広く思想上・政治上の主義、世界観、人生観を含みます。

③性　　別　　戦前の日本では女性差別が甚だしく見られましたが、戦後すぐに男女の普通選挙が導入され、刑法の姦通罪や民法の妻の無能力などの規定が廃止されました。しかし、婚姻年齢を男は満18歳、女は満16歳とする規定（民法731条）や女性のみの6カ月の再婚禁止期間の規定（同733条）

などが残され、現在問題となっています。

判例として日産自動車事件判決が注目されます。これは男子60歳、女子55歳の男女別定年制が問題とされた事件です。最高裁は、女子従業員各個人の能力等の評価を離れて、女子全体を会社に対する貢献度の上がらない従業員と断定する根拠はないこと、60歳前後までは男女とも通常の職務であれば企業経営上要求される職務遂行能力に欠けるところはないことなどを理由として、男女別定年制はもっぱら女子であることのみを理由とする不合理な差別であるとしました（最判1981・3・24民集35・2・300）。

ただし、現在では、「男女雇用機会均等法」（1985年制定）が、事業主に対して、①定年及び解雇について女子であることを理由として男子と差別的取り扱いをすること、②女子労働者の婚姻、妊娠、出産を退職理由として予定すること、③女子労働者の婚姻、妊娠、出産、産休取得を理由として解雇することを禁じていますので（8条）、本件の男女別定年制は同法違反となります。なお、同法は、募集及び採用についての男女の機会均等（5条）、配置、昇進及び教育訓練についての差別的取り扱いの禁止（6条）および福利厚生についての差別的取り扱いの禁止（7条）も定めています。

④社会的身分　これについては、被差別部落の問題があり、いまだに解決されているとはいえません。また、社会的身分の意味については見解の対立が見られます。自己の意志をもってしては離れることのできない固定した地位と解する狭義説、人が社会において一時的ではなしに占める地位と解する広義説、人が社会において一時的ではなく占める地位で、自分の力ではそれから脱却できず、それについて事実上ある種の社会的評価が伴っているものと解する中間説があります。14条1項後段の列挙に特別な意味を認める立場は、狭義説ないし中間説と結びつきます（芦部・憲法130頁）。

判例としては、まず、尊属殺重罰規定違憲判決が重要です（ただし、最高裁は親子関係は社会的身分に該当しないとしています〔最大判1950・10・11刑集4・10・2037〕）。1995年改正前の刑法はいわゆる親殺しを普通の殺人と区別して重罰規定を置いていました。すなわち、刑法199条は、「人ヲ殺シタル者ハ死刑又

ハ無期若クハ3年以上ノ懲役ニ処ス」とし、これに対して、刑法200条は、「自己又ハ配偶者ノ直系尊属ヲ殺シタル者ハ死刑又ハ無期懲役ニ処ス」としていました。実父に夫婦同然の関係を強いられていた被告人が実父を殺害し、自首した事件で、刑法200条は不合理な差別にあたるのではないかが争われました。最高裁は、次のように判示しました。

すなわち、「尊属に対する尊重報恩は、社会生活上の基本的道義というべく、このような自然的情愛ないし普遍的倫理の維持は、刑法上の保護に値する」。したがって、「被害者が尊属であることを犯情のひとつとして具体的事件の量刑上重視することは許されるものであるのみならず、さらに進んでこのことを類型化し、法律上、刑の加重要件とする規定を設けても、かかる差別的取り扱いをもってただちに合理的な根拠を欠くものと断ずることは」できない。しかし、「刑法200条は、尊属殺の法定刑を死刑または無期懲役刑のみに限っている点において、その立法目的達成のために必要な限度を遙かに超え、普通殺に関する刑法199条の法定刑に比し著しく不合理な差別的取り扱いをするものと認められ、憲法14条1項に違反して無効である」(最大判1973・4・4刑集27・3・265)。

ここで注意すべきは、尊属殺の立法目的ではなく、重罰規定という立法目的の達成手段が違憲とされたことです。すなわち、(自己または配偶者の) 尊属と卑属という社会的身分による差別的取扱 (子殺しには重罰規定がないことにも注意すべきです) は合憲とされ、普通殺の受刑者と尊属殺の受刑者との不平等が違憲とされたのです。なお、1995年の刑法改正により、尊属殺の規定は、尊属傷害致死 (205条2項)、尊属に対する保護責任者遺棄 (218条2項) および尊属逮捕監禁 (220条2項) に関する規定とともに削除されました。同時に、刑法が現代的表記に改められ、たとえば、刑法199条は、「人を殺した者は、死刑又は無期若しくは3年以上の懲役に処する」となりました。

次に、非嫡出子差別の問題も重要です。非嫡出子の法定相続分を嫡出子の2分の1とする民法900条4号但書の規定が法の下の平等を定める憲法14条に違反するか否かが争われた事件で、最高裁は、次のように判示しました。

すなわち、民法が法律婚主義を採用した結果、嫡出子と非嫡出子の区別が生ずることとなった。本件規定は、非嫡出子にも一定の法定相続分を認めることで、「法律婚の尊重と非嫡出子の保護の調整を図ったものと解され」、その立法理由には合理的根拠がある。また、「本件規定が非嫡出子の法定相続分を嫡出子の2分の1としたことが、右立法理由との関連において著しく不合理であり、立法府に与えられた合理的な裁量判断の限界を超えたものということはできない」。したがって、「本件規定は、合理的理由のない差別とはいえず、憲法14条1項に反するものとはいえない」（最大決1995・7・5民集49・7・1789）。

　これに対して、5人の裁判官からの次のような反対意見があります。すなわち、法律婚の尊重という立法目的から見て、本件規定は「非嫡出子が婚姻家族に属していないという属性を重視し、そこに区別の根拠を求めるもの」であり、憲法24条2項が相続において個人の尊厳を立法上の原則とすることに反し、「婚姻の尊重・保護という目的のために、相続において非嫡出子を差別することは、個人の尊重及び平等の原則に反し、立法目的と手段との間に実質的関連性を失っている」というべきであるとしています。

　⑤門　　　地　門地とは、家柄を意味します。その典型は、戦前の華族ですが、憲法14条2項は、「華族その他の貴族の制度は、これを認めない」としています。

Ⅶ　平等の現代的課題

(1) 積極的差別解消措置

　歴史的に差別を受けてきたグループに対して、実質的平等を実現するために優先的な取り扱いを公権力が行うこと、また、私人間でもそうすることを公権力が求めることが認められるか否かが議論されています。これは積極的差別解消措置（アファーマティブ・アクション）と呼ばれるものであり、社会に

蓄積された不平等を解消するためにきわめて有効な方法です。たとえば、アメリカ合衆国では、黒人などのマイノリティや女性に対し大学の入学や雇用などに特別枠を設けて、優先的な処遇を与えることが行われてきました。しかし、優先的な処遇は常に逆差別の問題をはらんでいることにも留意する必要があります。もちろん、逆差別に至らない程度の優先的処遇であれば、機会の平等を実質的に確保するものとして許容されるでしょう。男女共同参画社会基本法（1999年）も「積極的改善措置」（2条2号）を規定しています。

(2) 間接差別

通常、差別的取扱は合理的な理由なしに性別などに基づいて異なる取り扱いをするという直接差別として現れますが、一見すると差別する意図を含まない中立な基準による異なる取り扱いが、結果的にあるグループを差別していることがあります。これを間接差別といいます。たとえば、従業員を募集する際に身長170 cm以上の男女という条件をつけたとします。この条件はそれ自体、男女を差別する意図を含むものではない性別に中立な基準といえそうですが、実際には身長170 cm以上の女性はそう多くはないので、採用されるのは男性が大部分を占めることになり、結果として、性別に中立な基準により女性は排除されることになるでしょう。この場合、職務の性質上、170 cm以上の身長がどうしても必要であるならば別ですが、通常の職務については170 cm以上の身長は必要ではないので、そのような条件は女性を間接的に差別するものと考えることができます。間接差別について、日本では明確な法理は形成されていませんが、やはり、平等の問題として救済していく必要があるでしょう。

第5章

思想・良心の自由と学問の自由

I　精神的自由権の意義

　精神的自由は、基本的人権のカタログの中でもとりわけ重要な権利であるといわれます。日本国憲法も、人間の精神活動を切り分けて、思想・良心の自由（19条）、信教の自由（20条）、表現の自由（21条）、学問の自由（23条）を保障しています。ではなぜ、精神的自由は重要な権利なのでしょうか。次のように考えることができます。

　社会が他と比較できない独自の存在である個人から構成されていると考える以上、そのような個人はそれぞれ独自の価値観を持ち、自分なりのものの見方考え方をとることができるはずです（思想・良心の自由の静態的側面）。好き嫌いをなくせと強制しても好き嫌いは変わりませんし、そもそもそれを強制することは人間性を傷つけることになります。そして、そのような価値観や考え方は生まれついてものではなく、また、将来にわたって不変のものでもありません。常に他者との情報交換を通じて変化していくものであり、あるいは、個人は自分らしい価値観や考え方を自由に形成するために（思想・良心の自由の動態的側面）、他者と情報交換を行います。各人が自由に情報交換ができるためには、情報提供の自由と情報受領の自由を含む表現の自由が必要になります。ともあれ、こうすることで、1回限りの自分の人生について自分のことは自分で決めていくことがよりよくできることになります。この意味で、精神的自由は、個人の自己実現に不可欠なものだといえます。また、自分のことは自分で決めることができる個人から共同体が構成されている以

上、共同体のメンバーに共通する決定については、誰かがどこかで勝手に決めるというやり方ではなく、自分たちのことは自分たちで決めるというやり方が最も適合的です。つまり、民主主義です。民主制がうまく機能するには、政治にかかわる情報が社会の中で自由に交換されていなければなりません。とくに権力担当者に不都合な情報が国民に隠されてはなりません。また、民主主義は、単なる多数決ではなく、理性的な討論を通じて決定することを意味しますが、理性的な討論の前提には、暴力や強迫に訴えなくとも、今日の少数意見が明日の多数意見となりうる「思想の自由市場」が想定されます。そして、思想の自由市場を成立させているのが、憲法の保障する精神的自由権なのです。

II 思想・良心の自由の内容

憲法19条は、「思想及び良心の自由は、これを侵してはならない」と定めています。思想・良心の自由とは、人間の内面的な精神活動の自由、つまり、思想や良心を自由に形成し、それを保持する「内心の自由」です。思想・良心の自由は、精神的自由の論理的な起点であるといわれます。というのは、外部に表出されるのは内面の精神活動の所産であって、思想・良心の自由が表現の自由の前提になるからです。

憲法19条の「思想及び良心」は、個人の世界観、人生観、主義、主張など広く価値判断の基準や価値判断そのものを含みます。宗教観や信仰は、憲法20条の問題になると考えればよいでしょう。また、思想と良心は、前者が論理的なもので、後者が倫理的なものというイメージがありますが、とくに両者を厳密に区別する必要はなく、両者が一体化された思想・良心の自由として、広く内心の精神活動一般が保障されていると考えられます。

思想・良心の自由は、具体的に以下のような保障を含みます。

第1に、国家が特定の思想を持つこと、あるいは持たないことを国民に強制したり、禁止したりすることは、憲法19条違反になります。個人がその

内心でいかなる価値判断の基準を持とうが、それが内心にとどまる限りは絶対に自由であるといえます。国旗に対する敬礼や国歌の唱和を強制することも憲法19条に違反します。公教育において道徳を教えることは、それが社会生活のルールにかかわるものであったり、各人の価値観を形成する素材を提供するものである限りは許されると考えられます。

第2に、国家が特定の思想を持っていることを理由にして、国民に不利益を課したり、差別することは思想・良心の自由を侵害することになります。この点、1950年のマッカーサー書簡を契機とするレッド・パージ事件（いわゆるアカ狩り）が記憶されるべきです。当時、1万人以上の労働者が共産党員またはその同調者であるとして、私企業や官公庁から追放されました。

第3に、国家が内心の告白を国民に強制したり、一定の判断材料により内心を推知することは、憲法19条違反になります。換言すると、憲法19条は、内心の価値判断の基準や価値判断そのものについて、さらには、それを推知することを可能とする事実についての陳述を拒否する自由、すなわち「沈黙の自由」を含むことになります。したがって、江戸時代にキリスト教徒を取り締まるために行われた踏み絵などは許されません（これは20条の沈黙の自由からしても許されません）。

III 思想・良心の自由に関する判例

思想・良心の自由に関する判例として、謝罪広告強制事件があります。民法は名誉毀損の救済措置として損害賠償のほかに「名誉ヲ回復スルニ適当ナル処分」（723条）を認めており、これにより判決で命じられた「……貴下の名誉を傷つけ御迷惑をおかけいたしました。ここに陳謝の意を表します」という謝罪広告が憲法19条に違反するか否かが争われました。最高裁は、謝罪広告の中には、それを強制された者の「人格を無視し著しくその名誉を毀損し意思決定の自由ないし良心の自由を不当に制限する」ものもあるが、本件の場合のような「単に事態の真相を告白し陳謝の意を表するに止まる程

度」であれば良心の自由を侵害するとはいえず、合憲であるとしました（最大判1956・7・4民集10・7・785）。この判決には、「人の本心に反して、事の是非善悪の判断を外部に表現せしめ、心にもない陳謝の念の発露を判決をもって命ずるがごときことは、まさに憲法19条の保障する良心の外的自由を侵犯するものである」とする反対意見が付されていますが、反対意見のほうに聞くべきものがあると思われます。

類似の事案としては、不当労働行為を行った医療法人に対して神奈川県地方労働委員会が発したポスト・ノーティス命令が憲法19条に違反するか否かが争われた事件があります。この命令により、当該医療法人は、「当社団は、ここに深く反省するとともに今後、再びかかる行為を繰り返さないことを誓約します」という文面を含む誓約書を掲示することを強制されました。最高裁は、「深く反省する」、「誓約します」などの文言は不当労働行為を繰り返さない旨の約束を強調する意味を有するにすぎず、反省等の意思表明を強制するものではないと判示しました（最判1990・3・6判時1357・144）。このようなポスト・ノーティス命令に対して、そもそも思想・良心を持たない一般の法人が思想・良心の自由を主張できるのかという疑問が残りますが、反対に、そのような法人に反省を求めることにどんな意味があるのかという疑問も残ります。

IV 学問の自由

憲法23条は、「学問の自由は、これを保障する」と定めています。諸外国の憲法では学問の自由をそれとして保障する例は多くはないといわれますが、日本国憲法は明治憲法下で学問の自由が国家により侵害された経験（1933年の滝川事件や1935年の天皇機関説事件など）を踏まえて、明文でこれを保障しています。

学問の自由は、次のような保障を含みます。

第1に、真理の発見・探求および応用を目的とする「学問研究の自由」で

す。これは内面の精神活動の自由ですから、憲法19条の思想・良心の自由の一部をなしますが、学問研究にかかわる限り、憲法23条が優先的に適用されます。

　第2に、「研究発表の自由」です。学問研究の成果を発表することができなかったら、学問研究は単に自己の知的好奇心を満たすだけのものになってしまいます。研究発表の自由は憲法21条の表現の自由の一部をなしますが、学問研究の成果の発表に関する限り、憲法23条が優先的に適用されます。

　第3に、「教授（または教育）の自由」です。大学などの高等教育機関において教授の自由が認められるということについてほぼ異論はありません。問題となるのは、小・中学校や高等学校の教師も教授の自由を有するかということです。最高裁は、東大ポポロ事件判決において、「教育ないし教授の自由は、学問の自由と密接な関係を有するが必ずしもこれに含まれない」としつつ、大学においては教授の自由も保障されるとしました（最大判1963・5・22刑集17・4・370）。その後、最高裁は、旭川学テ事件判決（最大判1976・5・21刑集30・5・615）において、普通教育においても一定の範囲で教授の自由が保障されるとしつつ、教育の機会均等や全国的な教育水準を確保する必要があるので、完全な教授の自由を認めることはできないとしました（教育の自由については、第13章を参照）。

V　先端科学技術の研究と学問の自由

　研究や研究成果の発表などの学問研究活動が学問の自由として保障されるということは、当然、学問研究活動が国家などにより一切干渉されないということを意味します。しかしながら、近年では、先端科学技術の研究がもたらす危険や脅威が問題とされ、従来のように、他者からの一切の干渉が排除されると考えることはむしろ困難ではないかと指摘されるようになっています。たしかに、原子力研究、細菌研究、遺伝子研究などは、事故が起きれば人間の生命や環境に取り返しのつかない損害を与えかねません。また、臓器

移植、遺伝子治療、人工授精などは、生命倫理や宗教的死生観との関係で批判や疑問が投げかけられています。したがって、従来の一般的な学問研究活動が国の政策や抽象的な危険を理由に制限されてはならないのは当然としても、先端科学技術研究については予測しえない未知の危険や脅威を回避するため、あるいは、個人の尊厳に連なる生命倫理と折り合いをつけるために、一定の範囲内で規制が行われうると考えられます。その際、問題となるのは、具体的にどのように規制を行うかということです。先端科学技術研究の各分野ごとの専門家個人や専門家集団の自己規制ないしは自律的なルールの設定を尊重しつつ、最終的には法律により明確なルールを設定するしかなさそうです。

Ⅵ 大学の自治

現代においても大学は学問研究の中心です。もしも、大学が外部の勢力により政治的な干渉を受けることがあれば、大学における自由な学問研究が妨げられることになってしまいます。そこで、学問の自由をよりよく保障するための手段として、明文の規定はありませんが、大学の自治が憲法23条により保障されていると考えられています。

大学の自治として、以下のことが保障されます。

第1に、人事の自治です。大学の教育・研究者の人事は、専門家集団である教授会を中心にした大学の自主的な判断によって決定されなければなりません。ただし、自主的な判断が独善に陥ってはなりませんから、教員の教育・研究に関する業績評価が第三者によりなされることは否定されません。

第2に、学生・施設の管理の自治です。大学の自治の担い手に学生を含める考え方もありますが、やはり教授会などの教育・研究者の組織が大学の自治の担い手であるという伝統的な考え方が妥当です。もちろん、学生を大学の利用者としてのみとらえることは不適切であり、教育内容や施設の利用等について要望し、批判する自由があると考えられます。学生は教育の受け手

として教員の教育に関する業績評価に関与することができます。

　管理の自治についてとくに問題となるのは、大学構内での警察の活動です。というのは、警察が警備警察活動の一環として学生や教員の思想や政治的活動について大学構内で情報収集活動を行うことがあるからです。このような警察による情報収集活動は、どこからか監視されているとの疑念から体制批判的な言動を手控えさせ、ひいては真理追究を目的とする自由な学問活動までも萎縮させる効果を持ちます。以上のことが実際に問題となったのが、東大ポポロ事件です。戦後間もない1949年に起きた松川事件（福島県の松川駅付近で起きた列車転覆事件）を素材とした演劇が東大の学生団体であるポポロ劇団により東大内の教室で上演されていたところ、観客の中に私服警察官がいるのを学生が発見し、警察手帳を呈示させた際に暴行を加えたとして起訴されました。最高裁は、本件集会は「実社会の政治的社会的活動であり、かつ公開の集会またはこれに準じるものであって、大学の学問の自由と自治は、これを享有しない」。「したがって、本件集会に警察官が立ち入ったことは、大学の学問の自由と自治を犯すものではない」としました（前掲最大判1963・5・22）。しかし、前記の警察官の警察手帳のメモによれば、事件当時、連日のように大学構内に立ち入り、また、張込み、尾行、盗聴などを行い、学生、教職員などの動向を調査していたことが明らかであった以上、そのような警備情報収集活動自体が大学の自治を侵害していたというべきです。

　もちろん、大学に自治が認められるとはいえ、大学に治外法権が認められるわけではないので、令状に基づくならば犯罪捜査のために警察が大学に立ち入ることは可能です。ただし、捜査の名目で不必要な情報収集活動が行われないよう、捜査には大学関係者が立ち会うなどといった配慮が必要です。また、大学内で犯罪が発生した場合、大学からの要請により警察が大学に立ち入ることも認められます。したがって、大学の要請なしに警察が独自の判断で大学に立ち入ることは、大学の自治に反することになると考えられます。

第6章

信教の自由と政教分離原則

I　信教の自由の意義

　ヨーロッパ中世における宗教的な圧迫の経験を踏まえて、近代憲法は信教の自由を人権保障の不可欠な要素としています。明治憲法28条も信教の自由を保障していましたが、「安寧秩序ヲ妨ケス及臣民タルノ義務ニ背カサル限ニ於テ」という留保が付されていたので、法律ではなく命令による信教の自由の制限も可能であるとさえ考えられていました。また、国民統合のために神道が利用され、いわば国教として扱われました（国家神道）。その際、「神社は宗教にあらず」とされたので、国民の信教の自由とは矛盾しないものと説明されていました。たとえば、神道の神を敬うこととキリスト教の信仰は矛盾しないとされました。それゆえ、信教の自由が十分に保障されていたとはいえませんでした。

　敗戦直後の1945年12月にGHQは神道指令を発し、神道と国家の分離を命じ、軍国主義と神道を切り離しました。また、天皇の人間宣言（1946年）により、明治憲法の神格化された天皇制は否定され、同時に、それと結びついていた神道の特権的な地位も否定されました。その後制定された日本国憲法は、以上の経緯を踏まえて、信教の自由を手厚く保障し、そのために国家と宗教の分離（政教分離）を定めています。ようやく個人は魂の救済を何に求めるのか（あるいは何にも求めないか）を自由に決めることができるようになったのです。

II　信教の自由の内容と限界

　憲法20条1項前段は、「信教の自由は、何人に対してもこれを保障する」と定めています。信教の自由は、信仰の自由、宗教的行為の自由、布教の自由、宗教的結社の自由を含みます。

　第1に、信仰の自由は、宗教を信仰する自由、信仰する宗教を変更する自由、無宗教の自由を意味します。これらは内面の精神活動にとどまるので、他者の権利や公共の利益と調整されることはなく、いわば無制約の自由といえます。また、宗教上の沈黙の自由も当然認められます。どの宗教を信仰しているか、どのような宗教団体に加入しているかなど質問すること自体、信仰の自由を侵害することになります。そのような質問に答える必要はありませんし、沈黙したことで不利益を受けることがあってはなりません。

　第2に、宗教的行為の自由は、宗教的施設を設け、礼拝や祈禱などを行い、その他の宗教上の儀式や行事を行う自由です。また、信仰しない宗教的行為を強制されることもありません。憲法20条2項は、「何人も、宗教上の行為、祝典、儀式又は行事に参加することを強制されない」と定めています。

　宗教的行為の自由は、外面的な精神活動に属しますから、他者の権利や公共の利益と衝突することがあります。例外的な事例ですが、宗教的行為が犯罪となることがあります。異常な言動を示す被害者の母親から依頼された僧侶が線香護摩による加持祈禱を行ったところ、被害者が心臓麻痺で死亡したという加持祈禱事件において、最高裁は、宗教的行為であっても、「他人の生命、身体等に危害を及ぼす違法な有形力の行使に当たるものであり」、「著しく反社会的なものであることは否定し得ない」として、信教の自由の限界を逸脱しており、刑法205条の傷害致死に該当すると判示しました（最大判1963・5・15刑集17・4・302）。これに対して、学生運動に伴う犯罪の嫌疑を受け警察の追われていた高校生をかくまい、反省を促し、任意で警察に出頭させた牧師が犯人蔵匿罪で起訴された種谷牧師事件において、裁判所は、形

式上刑罰法規に触れる行為は一応反社会的なものと推定されるが、本件の牧師の牧会活動は目的と手段ともに相当なもので、「全体として法秩序の理念に反するところがなく、正当な業務行為として罪とならない」と判示しました（神戸簡判1975・2・20判時768・3）。

第3に、布教の自由は、自分の信じる宗教を他人に勧めたり、宣伝したりする自由です。外形的な表現活動が問題になりますから、それに応じた制限が認められます。たとえば、公立学校で教師が教室で布教することは、政教分離の観点からも、憲法20条2項、教育基本法9条2項により禁止されています。

第4に、宗教的結社の自由は、宗教団体を組織する自由であり、憲法21条の結社の自由の一部をなすものともいえます。宗教団体を結成し、それに加入し、加入した団体から脱退する自由だけでなく、宗教団体を結成しない自由、加入しない自由を含みます。

宗教団体が法人格を得ようとするならば、宗教法人法に従い、一定の要件を満たした上で認証を受ける必要があります。反対に、宗教法人の解散、つまり法人格の剝奪は裁判所の解散命令により行われます。宗教法人オウム真理教解散命令事件において、最高裁は、宗教法人の解散命令の制度は宗教団体や信者の精神的宗教的側面に容かいする意図によるものではなく、また、宗教法人が解散しても、信者は法人格を有しない宗教団体を存続させることができるとし、本件の宗教法人の行為に対処するのに必要でやむを得ない法的規制であるとしました（最判1996・1・30民集50・1・199）。

III 政教分離原則

憲法20条1項後段は、「いかなる宗教団体も、国から特権を受け、又は政治上の権力を行使してはならない」と定め、20条3項は、「国及びその機関は、宗教教育その他いかなる宗教的活動もしてはならない」と定めています。さらに、89条は、「公金その他の公の財産は、宗教上の組織若しくは団体の

使用、便益若しくは維持のため……これを支出し、又はその利用に供してはならない」と定めています。これらの条項は、個人の信教の自由が確実に保障されるための政教分離の規定であり、国家と宗教が結びつくこと、すなわち、ある宗教が国家権力にすり寄り、これと癒着することや、反対に、国家がある宗教を特別扱いして政治的に利用することが禁止されます。したがって、国家には非宗教性あるいは宗教的中立性が求められることになります。

　近代立憲主義を採用する国において、政教分離の具体的なあり方は、それぞれの国の宗教的事情から異なります。たとえば、国教を定めつつ宗教的寛容を建前として他の宗教を信仰する自由を認めるイギリス型、教会に公法人の地位を認めて国家と教会が政教条約（コンコルダート）を締結するドイツ型があります。日本は厳格な分離を採用するアメリカ・フランス型に属すると学説では考えられています。

　しかし、最高裁は、市の体育館の建設に際して市が公金により地鎮祭を行ったことの合憲性が争われた津地鎮祭事件判決において、政教分離規定は制度的保障であるとしたうえで、緩やかな分離説の立場をとり、問題となっている行為の目的と効果から、国家と宗教のかかわり合いが「相当とされる限度を超えるもの」が憲法20条3項により禁止される「宗教的活動」に該当するとしました（最大判1977・7・13民集31・4・533）。この判決の問題点としては、次のことが挙げられます。

　第1に、最高裁は、政教分離規定は制度的保障であり、国家と宗教の分離を制度として保障することにより、間接的に信教の自由を保障しようとするものであるとします。しかし、制度的保障とは、制度の中核は法律では改変できないが、その周辺部なら法律により改変できるという考え方であって、政教分離のような憲法上の国家（地方自治体を含む）の行為規範について法律による改変が認められる余地はそもそもありませんから、政教分離規定を制度的保障と考えることはできません。

　第2に、最高裁は、政教分離規定を厳格な分離と考えると、①特定宗教と関係のある私立学校への国庫助成、②文化財である寺社等の建築物等の維持

保存のための補助金、③刑務所等における教誨活動などが違憲となってしまうとして、緩やかな分離説をとります。しかし、①は宗教団体への助成ではなく、そのような私立学校で学ぶ生徒・学生の教育を受ける権利（憲法26条）を積極的に保障する措置ですし、②は文化財の保護が目的であり、文化的な生活を営む権利（憲法25条）を積極的に保障する措置です。また、③は移動の自由が制限されている在監者の信教の自由を積極的に保障する措置です。要するに、これらは人権を積極的に保障するために行われるものであり、本来、政教分離とは無縁のものです。

第3に、最高裁は、国家と宗教のかかわり合いが相当とされる限度を超えるか否かを判断する基準として、目的・効果論を援用し、国家の行為の「目的が宗教的意義をもち、その効果が宗教に対する援助、助長、促進又は圧迫、干渉等になるような行為」が憲法20条3項により禁止される宗教的活動に当たり、政教分離違反となるとします。しかし、本件のように公金が支出されている場合は、国家の行為の目的や効果を考えるまでもなく、憲法89条に違反します。また、地鎮祭を行うことが国民の人権を積極的に保障する措置であるとは考えられませんから、この点からも、地鎮祭への公金の支出は認められません。

ところで、その後、最高裁は、愛媛県玉串料訴訟判決において、愛媛県が行った靖国神社と県護国神社の祭祀に対する玉串料などの公金の支出について、津地鎮祭事件判決とまったく同じ判断手法をとりながら、違憲と判示しました。すなわち、最高裁は、地鎮祭は宗教的意義が希薄化し慣習化しているが、神社の祭祀は宗教的意義を有するものであり、玉串料などの奉納は社会的儀礼とはいえないことを重視し、県が本件のような特別のかかわり合いを持つことは、「一般人に対して、県が当該特定の宗教団体を特別に支援しており、それらの宗教団体が他の宗教団体とは異なる特別のものであるとの印象を与え、特定の宗教への関心を呼び起こすものといわざるを得ない」としたのです（最大判1997・4・2民集51・4・1673）。結論は妥当なものとして支持できますが、本件の宗教団体への直接的な公金の支出は、その目的や効果を

考えるまでもなく、憲法89条違反と考えればよいはずです。

IV　その他の判例

(1) 剣道実技拒否事件

　エホバの証人の教義に基づいて公立工業高専の学生が、必修科目の体育の剣道実技を拒否したため、原級留置・退学処分を受けた事件において、最高裁は、①剣道実技の履修は必須のものとはいえず、体育科目の目的は他の体育種目の履修などの代替的方法によっても達成できること、②剣道実技の拒否理由は信仰の核心部分と密接に関連する真摯なものであり、重大な不利益（原級留置・退学処分）を避けるためには教義に反する行動（剣道実技の履修）をとることを余儀なくさせられること、③他の学生に不公平感を生じさせないような適切な代替措置をとることが可能であり、そうしたとしても、その目的において宗教的意義を有し、特定の宗教を援助、助長、促進する効果を有するものとはいえず、他の宗教者または無宗教者に圧迫、干渉を加える効果があるともいえないこと、④宗教上の信条と履修拒否との合理的関連性が認められるかどうかを確認する程度の調査をすることは公教育の宗教的中立性に反するとはいえないことなどを理由に、学校側の処分は社会観念上著しく妥当性を欠くものであり、違法であるとしました（最判1996・3・8民集50・3・469）。本判決のように、信教の自由を保障するための特例措置の合理性の判定に目的・効果基準を利用することは適切であるといえます。

　これに対して、牧師である両親の主催する教会学校に出席したため、公立小学校での日曜日の参観授業に欠席したところ、指導要録に欠席と記載されたため、その取消しなどを求めた「日曜日授業参観事件」において、裁判所は、宗教行為に参加する児童に対して授業への出席を免除することは、宗教上の理由により個々の児童の授業日数に差異を生じることを容認することになり、公教育の宗教的中立性を保つ上で好ましいことではなく、本件のよう

な事態が生じても、法はこれを合理的根拠に基づくやむを得ない制約として容認していると判示しました（東京地判1986・3・20行裁例集37・3・347）。被る不利益が軽微であり、それを回避するために信仰を捨てることまで強いられてはいないことや、公教育の必要性を重視すると判決のような結論になりますが、本来、休日である日曜日に授業を行ったことを勘案すると、宗教的な理由で欠席した者を出席扱いするという特例措置にも合理性があるともいえます。

(2) 自衛官合祀拒否訴訟

殉職した自衛官である夫をキリスト教により追慕していた妻が、県護国神社への合祀を申請した私的団体である隊友会とそれに協力した自衛隊地方連絡部の行為は政教分離原則に違反し、自己の意思に反して亡夫を合祀されない自由（宗教的人格権）を侵害されたとして争った事件において、最高裁は、地方連絡部の行為は目的・効果基準に照らして禁止された宗教的活動とはいえないとし、また、所論の宗教的人格権を認めると他者の信教の自由を妨げることになり、むしろ、強制や不利益の付与を伴わない限り、他者の信仰に基づく行為には寛容でなければならないとして、県護国神社が合祀したことは何人の法的利益をも侵害するものではないと判示しました（最大判1988・6・1民集42・5・277）。本判決の問題点は、最高裁が、地方連絡部が合祀申請に協力した目的を「自衛隊員の社会的地位の向上と士気の高揚を図ることにあった」から、その目的は世俗的であり、宗教的ではないと認定していることです。むしろ、そもそも宗教をこのような形で利用すること自体が政教分離原則に違反すると考えるべきです。また、県護国神社への合祀が、妻のキリスト教による亡夫の追慕を間接的にであれ圧迫していると考えれば、「強制や不利益の付与」があると見ることもできます。

第7章

表現の自由 1

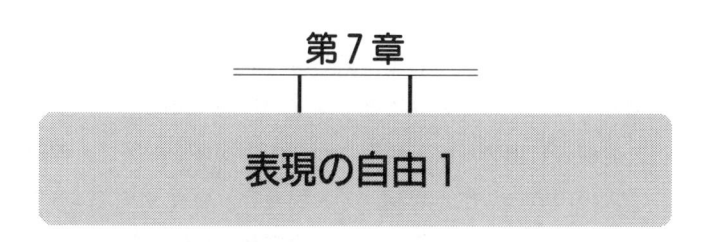

I 表現の自由の意義

　憲法21条1項は、「集会、結社及び言論、出版その他一切の表現の自由は、これを保障する」と定めています。表現の自由を保障する意義として、「自己実現の価値」と「自己統治の価値」が挙げられます。

　憲法19条の思想・良心の自由により、自分自身のものの見方考え方あるいは価値観を持つことが保障されており、また、それらを自由に形成することも保障されています。ただし、自分のものの見方考え方を自由に形成するには、他者と自由に情報を交換することが不可欠です。そのためには、情報を提供する自由（表現する自由）と情報を受け取る自由（知る権利、知る自由）の両者を含む表現の自由が確実に保障されていなければなりません。つまり、表現の自由は、自己実現にとって不可欠な権利であるということです。

　また、自由に考えることのできる個人から共同体が構成されている以上、その共同体の決定は、自分たちのことは自分たちで決めるという民主主義によることが最適です。民主政治がうまく機能するには、政治にかかわる情報が自由に交換されていなければなりません。とりわけ、権力担当者に不都合な情報が国民に隠されてはなりません。つまり、表現の自由は、民主主義、すなわち自己統治にとっても不可欠な権利であるということです。

　このように表現の自由は個人的なレベルでも社会的なレベルでもきわめて重要な意義を持っているので、他の人権、とくに経済的自由に対して、「優越的地位」を占めるといわれます。ただし、表現の自由のような精神的自由

の価値が高く、経済的自由の価値が低いということではなく、表現の自由に対する規制立法の違憲審査に際して、裁判所は経済的自由の場合よりも厳格な基準を適用して審査するということです（二重の基準論）。

それでは、表現の自由に対する制限について、①事前抑制禁止の原則と検閲の禁止、②表現内容に対する規制、③表現の時・場所・方法に対する規制に分けて見ていきます。また、集会の自由や結社の自由などはその後で説明します。

II 事前抑制禁止の原則と検閲の禁止

表現活動に対する公権力による事前の規制は原則として許されません。しゃべる前に口をふさがれたのでは、表現の自由は無に等しくなってしまいます。したがって、表現活動に対する規制は、原則として、それがなされた後の規制、つまり事後規制に限られます。これを事前抑制禁止の原則といいます。憲法には明文の規定はありませんが、憲法21条1項が表現の自由を保障している以上、当然のことと考えられています。憲法21条2項は、事前抑制の典型である検閲を禁止しています。学説では、検閲とは、公権力一般ではなく、行政権が表現内容を事前に審査し、不適当と認めるものの発表を禁止することであり、絶対に禁止されると一般に考えられています。具体的な事例としては、以下のものが重要です。

風俗を害すべき書籍等の輸入を禁じ、税関長に実質的にその審査権を与えている関税定率法21条が検閲に当たるかが争われた税関検査事件判決において、最高裁は、まず、検閲とは、「行政権が主体となって、思想内容等の表現物を対象とし、その全部又は一部の発表の禁止を目的として、対象とされる一定の表現物につき網羅的一般的に、発表前にその内容を審査した上、不適当と認めるものの発表を禁止することを、その特質として備えるものを指す」と定義し、検査対象の表現物がすでに海外では発表済みであること、検査は関税の徴収手続の一部であって表現物の網羅的な規制を目的とするも

のではないこと、および輸入禁止処分には司法審査の機会があることからすると、税関検査は検閲に該当しないと判示しました（最大判 1984・12・12 民集 38・12・1308）。

　青少年の健全な育成を目的として、知事が有害図書に指定した性風俗や暴力を内容とする図書等を青少年に販売、配布すること、および自動販売機へ収納することを禁じる条例の合憲性が争われた岐阜県青少年保護育成条例事件において、最高裁は、有害図書の指定は検閲に当たらないとし、また、成人に対する関係でも、青少年の健全な育成のための必要やむを得ない制約であると判示しました（最判 1989・9・19 刑集 43・8・785）。

　これらの事例は、最高裁が示した狭い検閲概念からすると、すべて検閲には該当しないということになります。むしろ、知る自由の観点から、発表に先立つ抑制を検閲の標識とせず、情報の受領前の抑制を検閲の標識と考えるべきです。また、情報の自由な流通をせき止める措置を事前抑制禁止の観点から厳格にチェックすべきです。この点、興味深いのは、名誉毀損を理由として、北海道知事選の立候補予定者を批判する記事を載せた雑誌に対する裁判所による出版の事前差止めが問題となった北方ジャーナル事件（最大判 1986・6・11 民集 40・4・872）です。最高裁は、事前差止めは検閲には該当しないが、事前抑制そのものであり、とりわけ公職選挙の立候補予定者に対する言論は、一般に公共の利害に関する事項に属し、私人の名誉権に優先する社会的価値を含むので、原則として事前差止めは許されないとしつつ、ただし、本件では、表現内容が真実ではなく、または専ら公益を図る目的のものではないことが明白であり、かつ、被害者が重大にして著しく回復困難な損害を被るおそれがあるので、例外的に事前差止めが許されると判示しました。

III　表現内容に対する規制

　表現の自由が保障されているということは、ともかくいいたいことが自由にいえるということです。とはいえ、表現の自由も他者の権利・利益や社会

全体が共有する公共の利益との調整に服します。したがって、いいたいことをいった結果、他人の権利を侵害したり、公共の利益に反したりすれば、刑罰を科されたり、損害賠償を求められたりすることがあります。つまり、表現行為は、その内容によっては、事後的に裁判を通じて規制されることになります。ここでは、名誉毀損的表現、性表現、犯罪を扇動する表現、営利的表現について見ておきます。

(1) 名誉毀損的表現

人の名誉は法律により保護されており、人格権の1つとして憲法13条によっても根拠づけられうると考えられています。民法710条は名誉毀損の場合の損害賠償責任を定めています。また、刑法230条1項は、「公然と事実を摘示し、人の名誉を毀損した者は、その事実の有無にかかわらず、3年以下の懲役若しくは禁錮又は50万円以下の罰金に処する」と定めています。表現内容が真実であったとしても処罰されるのですから、表現行為よりも名誉の保護に傾いた規定になっています。個人的な論評の対象になるいわれのない普通の人の場合なら、これでよいといえます。

しかし、そうではない場合にも、名誉を傷つける表現をすべて処罰するというのでは、かえって表現の自由を萎縮させることになってしまいます。たとえば、国民の代表である政治家のような公人の名誉にかかわる報道（非難されるべき不行跡の暴露など）は、国民の知る権利に奉仕するものであり、むしろ、それは公の利益に合致します。そのため、1947年の刑法改正で追加された刑法230条の2第1項は、「前条第1項の行為が公共の利害に関する事実に係り、その目的が専ら公益を図ることにあったと認める場合には、事実の真否を判断し、真実であることの証明があったときは、これを罰しない」と定めています。

こうして、名誉の保護と表現の自由の保障とのバランスがとられるようになったのですが、「真実であることの証明」は表現する側が行わなければならないので、民主制にとって重要な意義を持つ表現の自由に対する配慮がま

だ十分ではありません。そこで、最高裁は、夕刊和歌山時事事件判決（最大判1969・6・25刑集23・7・975）において、「事実が真実であることの証明がない場合でも、行為者がその事実を真実であると誤信したことについて、確実な資料、根拠に照らし相当の理由があるときは、犯罪の故意がなく、名誉毀損の罪は成立しない」という緩やかな解釈をとっています。

　また、最高裁は、月刊ペン事件判決（最判1981・4・16刑集35・3・84）において、多数の信徒を有する宗教団体の会長である私人の私生活上の行状であっても、その社会的影響力によっては、「公共の利害に関する事実」に当たる場合があるとしています。

(2) 性　表　現

　刑法175条は、わいせつ文書・図画の頒布・販売・公然陳列・販売目的での所持をした者に刑罰を科しています。これまで同条は表現の自由との関係でその合憲性が議論されており、有名な判決がいくつかあります。

　「チャタレー夫人の恋人」事件判決（最大判1957・3・13刑集11・3・997）において、最高裁は、わいせつ文書とは、①いたずらに性欲を興奮または刺激せしめ、②普通人の正常な性的羞恥心を害し、③善良な性的道義観念に反するものと定義しました。そして、わいせつ性の判断は社会通念を基準として裁判官が行い、芸術作品であってもわいせつ性を有することがあるとしました。また、性道徳に関しても法はその最小限度を維持することを任務とし、刑法175条がわいせつ文書の頒布販売等を禁止しているのも、そのような趣旨によると判示しました。しかしながら、この判決にはかなり疑問が残ります。わいせつ概念が曖昧であり、また、それに含まれる「性的羞恥心を害する」という要件は公然陳列を処罰する根拠になりえても、頒布・販売を処罰する根拠にはならないと思われます。

　次いで、「悪徳の栄え」事件判決（最大判1969・10・15刑集23・10・1239）において、最高裁は、チャタレー判決をほぼ踏襲しました。文書のわいせつ性により侵害される利益と芸術的・思想的文書として持つ利益との比較衡量によ

る判断を否定し、文書の芸術性・思想性がそのわいせつ性を刑法が処罰の対象とする程度以下にしない限り、芸術的・思想的文書でもわいせつ文書として取り扱われうるとしつつ、文書の個々の部分のわいせつ性は、文書全体との関連において判断されるとしました。

その後、「四畳半襖の下張」事件判決（最判1980・11・28刑集34・6・433）において、最高裁は、チャタレー判決のわいせつ概念を維持しつつ、それを精緻にし、わいせつ性の判断に当たっては、性描写の程度、手法、文書全体に占める比重、文書に表現された思想等との関連性、文書の構成や展開、芸術性や思想性による性的刺激の緩和の程度、これらの観点から文書を全体として見たときに、主として好色的興味に訴えるものかなどを検討して判断するとしました。

(3) 犯罪を扇動する表現

犯罪を扇動する表現を処罰する法律がいくつかあります（国税犯則取締法22条、自衛隊法119条2項など）。扇動とは、言論や文書により、犯罪を実行する決意を生ぜしめ、またはすでに生じている決意を助長させるような勢いのある刺激を与えることを意味します。たしかに、犯罪をそそのかしたり、あおったりするわけですから、悪いことに決まっているという感じもします。しかし、政府の政策に対する批判が多少とも過激な表現を含みがちであることを考えると、犯罪そのものが発生していないのに、それを扇動しただけの者を処罰することには疑問が残ります。

これに関する裁判としては、食料緊急措置令違反事件（最大判1949・5・18刑集3・6・839）が有名です。敗戦直後の食糧不足への対策として主要食糧の政府への売り渡しが行われていましたが、これに不満を持つ者が農民集会で、「米を出さないように決議しよう」と演説したところ、主要食糧を売り渡さないよう扇動した者を処罰すると定めていた同令11条違反で起訴されました。最高裁は、本件の言論は政府の政策の批判にとどまらず、国民の重要な義務の不履行を誘いかけ、公共の福祉を害するものであるから、これを犯罪

として処罰しても憲法21条に違反しないとしました。また、最高裁は、破壊活動防止法39条および40条の「せん動」についても、それが現住建造物等放火罪、騒擾罪（現行刑法では、騒乱罪）等の重大な犯罪を引き起こす可能性のある社会的に危険な行為であるから、公共の福祉に反し、表現の自由の保護を受けるに値しないので、それを処罰することは憲法21条に反しないとしています（沖縄デー事件、最判1990・9・28刑集44・6・463）。

多くの学説は、このような場合、「明白かつ現在の危険」の基準を適用して厳格に判断すべきであるとしています。これは、きわめて重大な害悪の発生する蓋然性が明白であり、かつ切迫しており、それを避ける手段が他にはない場合、表現行為を規制できるという考え方です。つまり、抽象的な危険を口実にして言論を封じてはならないということです。

(4) 営利的表現

商品やサービスの宣伝や広告などの営利的表現（商業的言論）は、それを通じていろいろな情報を入手できるので、表現の自由の保護に値すると考えられます。もちろん、それが経済活動の一環としてなされるので、消費者保護などの観点から、政治的・思想的表現よりも広い規制に服すことは否めません。ただし、経済的自由の側面があるとしても、国民の生命、身体、健康、財産などの保護のためになされる消極的規制にのみ服すると考えられます。

灸の適応症の広告を禁止する法律の合憲性が問題となったあん摩師等法事件判決（最大判1961・2・15刑集15・2・347）において、最高裁は、適応症の広告を無制限に許容すると、患者を吸引しようとして虚偽誇大に流れ、一般大衆を惑わすおそれがあるので、氏名や住所などの一定事項以外の広告を禁止することは、国民の保健衛生上の見地から、公共の福祉を維持するためやむを得ない措置であると判示しました。しかし、伝統的に灸が民間療法として一定の評価を受けてきたことからすると、「ガンが治った」など虚偽誇大になった場合に規制すれば十分であるといえますから、あん摩師等法の規制は必要以上に厳しい規制であると考えられます。

Ⅳ 表現の時・場所・方法に対する規制

 深夜の住宅街で拡声器を使ってどれほど高尚で有益な演説をしても、それは騒音以外の何ものでもありません。このように表現行為は、その表現内容に関係なく、それがなされる時や場所などに応じた規制に服さざるを得ません。ただし、いつ・どこで・どのように表現するかというメッセージの伝え方に対する規制が、表現内容そのものに対する規制よりも、表現の自由に対するダメージが小さいとしても、また、時間や場所などに配慮しない表現行為が、他者の権利・利益や社会公共の利益と抵触する可能性が比較的高いとしても、それを口実にして広汎な制約を認めてしまっては、表現の自由の保障が無に帰してしまいます。したがって、表現の時・場所・方法について規制する法律の合憲性の審査は、表現内容を規制する法律の審査に準じた基準によるべきであると考えられます。

 そのような基準として、LRAの基準が支持されています。これは、ある規制目的を達成するためにとられている規制手段よりも、権利を制限しない他の選びうる手段の有無を審査し、そのような「より制限的でない他の選びうる手段」(Less Restrictive Alternatives) があれば、当該規制は不必要に厳しいものとして憲法違反になるという考え方です。しかし、最高裁は、この考え方にあまり好意的ではありません。以下、集団行動とビラ貼り・ビラ配りの規制について見ておきます。

(1) 集団行動に対する規制

 デモ行進などの集団行動を「動く集会」として、集会の自由に含める考え方もありますが、憲法21条が「その他一切の表現の自由」を保障しているので、この点、あまり詰めて考える必要はありません。問題となるのは、道路交通法や各自治体の公安条例が、集団行動に対して事前に警察署長や公安委員会の許可を得なければならないと定めていることです。これは原則とし

て禁止されているはずの事前抑制そのものです。たしかに、デモに参加する人たち以外にも道路を利用する人たちがいますし、また、複数のデモ行進が同時に同じようなルートで行われれば大きな混乱が予想されるので、交通の円滑・安全に配慮する必要があります。したがって、何らかの事前の調整が必要であるといえますが、そのことが厳しい規制手段である許可制度を正当化するかは、再考の余地があります。許可制よりも緩やかな規制手段である届出制によっても、規制目的は十分に達成することができると考えられます。

かつて、最高裁は、新潟県公安条例事件判決（最大判1954・11・24刑集8・11・1866）において、集団行動について、①単なる届出制ではなく、一般的な許可制を定めてこれを事前に抑制することは憲法の趣旨に反する、②しかし、特定の場所または方法について、合理的かつ明確な基準の下で許可制をとることは憲法の趣旨に反しない、③公共の安全に対し「明らかな差迫った危険」を及ぼすことが予見されるときは、許可せず、または禁止できる旨定めることができるとしました。

次いで、最高裁は、東京都公安条例事件判決（最大判1960・7・20刑集14・9・1243）において、集団の潜在的な力は甚だしい場合には一瞬にして暴徒と化すものであり、これは群集心理の法則と現実の経験に徴して明らかであるという特異な認識を示し、公安委員会は、「公共の安寧を保持する上に直接危険を及ぼすと明らかに認められる場合の外は、これを許可しなければならない」という同条例3条は、不許可の場合が厳格に制限されているので、実質において届出制と異なるところがないと判示しました。しかしながら、本件の許可制は、新潟県公安条例事件判決で示された「合理的で明確な基準の下での許可制」といえるか疑わしさが残ります。また、公共の安寧に対する危険の認定について公安委員会の裁量を広く認め、許否の処分がないときの許可推定条項が欠けていることは違憲の理由にならないとしている点で、本判決は大きな問題点を含んでいます。

その後、蛇行行進が条例中の「交通秩序を維持すること」という条件に違反するとされ、その規定の明確さが争われた徳島市公安条例事件判決（最大

判1975・9・10刑集29・8・489）において、最高裁は、刑罰法規の不明確さが憲法31条に反するか否かは、「通常の判断能力を有する一般人の理解において、具体的に当該行為がその適用を受けるのかどうかの判断を可能ならしめるような基準が読みとれるかどうか」によると判示し、本件では、「通常その判断にさほどの困難を感じることはないはず」であるとしました。この判決は、不明確な規定を含む法令が表現の自由にもたらす萎縮効果に対する配慮に欠けていると思われます。

(2) ビラ貼り・ビラ配りに対する規制

ビラ貼りとビラ配りは、誰もが利用できる安価な表現手段です。たしかに、インターネットのような情報技術が発達し、気軽にホームページを作成して、情報交換が可能になりました。しかし、ホームページは興味のある人に閲覧してもらうという受動的な性質を持ちます。これに対して、ビラ貼り・ビラ配りは興味のない人にも、積極的にメッセージを伝える可能性を持ちます。その意味で、ビラ貼り・ビラ配りは高度な情報社会においても存在理由があるといえます（このことはデモ行進などにも当てはまります）。

しかしながら、ビラ貼りは屋外広告物条例や軽犯罪法により規制され、ビラ配りは道路交通法や鉄道営業法で規制されています。具体的な事件としては、次のものがあります。

ビラ貼りについては、橋柱、電柱および電信柱にビラを貼ることを禁止する大阪市屋外広告物条例の合憲性が争われた事件（最大判1968・12・18刑集22・13・1549)、および電力会社所有の電柱と旧電電公社所有の電柱などにビラを貼りつけた者が、みだりに他人の家屋に貼り札をすることを禁止する軽犯罪法1条33号に違反するとされた事件（最大判1970・6・17刑集24・6・280）があります。最高裁は、前者については、都市の美観風致と公衆に対する危害の防止という目的との関連で、後者については、他人の家屋等に関する財産権、管理権の保護という目的との関連で、当該規制はともに、「公共の福祉のため、表現の自由に対し許された必要且つ合理的な制限」であるとしました。

しかし、大阪市屋外広告物条例がビラ貼り可能な建造物等をほぼ網羅的に規制対象としているので、実際には、ビラ貼りの全面的禁止になっていることに十分配慮しているか疑わしさが残ります。ビラなどの広告物の数量、形状、固定の方法、周囲の状況、建造物の性質などを考慮した規制でなければ、過剰な規制であり、違憲であると考えられます。

また、最高裁は、軽犯罪法1条33号の「みだりに」とは「社会通念上正当な理由があると認められない場合を指称する」としていますが、適法な内容の表現行為は他者に多様な情報を提供する機能を持つので、それ自体公共の福祉に合致し、社会通念上正当な理由があると考えれば、むしろ工作物の所有者はそのようなビラを貼られることを受忍する責務があるとさえいえます。もちろん、個人の家屋にその所有者の意に反する政治的主張を含むビラを貼ることは、その財産権の侵害だけでなく精神的自由の侵害になりますが、電力会社所有の電柱に同種のビラが貼られたとしても、電力会社は公共の福祉のためにそれを受忍する義務があると考えられます。

ビラ配りについては、私鉄駅構内でビラを配布した者が、鉄道地内での物品配布を禁止する鉄道営業法35条違反で起訴された事件があります。最高裁は、鉄道管理者の財産権、管理権の保護という目的との関連で、当該規制は憲法21条に反しないとしました（最判1984・12・18刑集38・12・3026）。駅前のスペースは、純然たる私有地というよりも、公園や広場などのパブリック・フォーラムに近い性質を持つと考えられるので、具体的状況によっては、刑罰を科すことが過剰な規制になる場合もあると思われます。

第8章

表現の自由 2

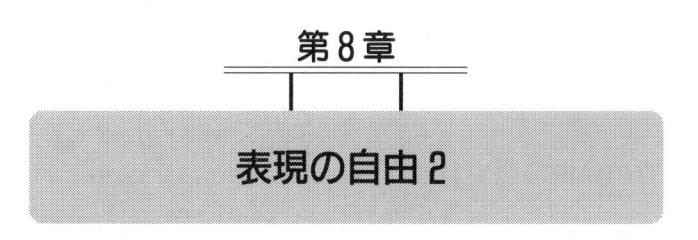

I　報道の自由

(1) 報道の自由の意義

　報道は、社会に生起する事実を伝えるものであって、一定の思想を伝えるものではありませんが、これを表現の自由に含めることについて異論はありません。むしろ、現代社会において、報道は、政治的、社会的問題について考える素材を提供することにより、国民の精神活動を支えるものとなっています。この点、最高裁も、博多駅テレビフィルム提出命令事件（最大決1969・11・26刑集23・11・1490）において、「報道機関の報道は、民主主義社会において、国民が国政に関与するにつき、重要な判断の資料を提供し、国民の『知る権利』に奉仕する」と適切に述べています。

　ところで、報道は、取材・編集・発表というプロセスから成立しているので、報道の自由が十分に保障されるためには、取材の自由・編集の自由・発表の自由がそれぞれ保障されなければなりません。しかし、最高裁は、博多駅事件決定において、「報道のための取材の自由も、憲法21条の精神に照らし、十分尊重に値する」と述べてはいますが、憲法21条の保障範囲に含まれるとは考えていません。取材の自由が他の利益と調整される必要性を認めた上で、報道の自由の一環としての取材の自由は21条により保障されると考えるべきです。また、取材の自由が十分保障されるためには、取材源の秘匿も認められなければなりません。取材源の秘匿が保障されないと、以後の

取材活動に支障が生じるおそれがあります（たとえば、公共の関心事についての匿名を条件とした内部情報の暴露は、取材源の秘匿が保障されない限り、ありえないでしょう）。

(2) 取材の自由に関する判例

法廷内の写真撮影には裁判所の許可が必要とされています（刑事訴訟規則215条、民事訴訟規則11条）。新聞社のカメラマンが、公判開始後の写真撮影はできないとされていたのに被告人の写真を撮影したため、法廷等の秩序維持に関する法律に違反するとされた北海タイムズ事件（最大決1958・2・17刑集12・2・253）において、最高裁は、報道の自由は表現の自由に属し、「そのための取材活動も認められなければならない」が、「公判廷における審判の秩序を乱し被告人その他訴訟関係人の正当な権利を不当に害する」ものは許されないとし、場合によっては好ましくない結果を生ずる写真撮影の許可を裁判所の裁量に委ねる刑事訴訟規則は憲法に反しない判示しました。

これと関連して、裁判長の裁量に任され、一般に禁止されていた傍聴人のメモ採取の自由が問題となった法廷メモ事件（最大判1989・3・8民集43・2・89）において、最高裁は、各人がさまざまな意見、知識、情報に接し、これを摂取する自由は、表現の自由の派生原理であり、筆記行為の自由は21条1項の規定の精神に照らして尊重されるべきであるとし、傍聴人がメモをとる自由は、公正かつ円滑な訴訟の運営を妨げるという特段の事情のない限り、故なく妨げられてはならないと判示しました。

また、沖縄返還協定に関する秘密文書を漏洩するよう外務省の女性職員にそそのかした男性の新聞記者が、国家公務員法111条（秘密漏示そそのかし罪）違反とされた外務省秘密漏洩事件（最決1978・5・31刑集32・3・457）において、最高裁は、「報道機関が公務員に対し根気強く執拗に説得ないし要請を続けることは、それが真に報道の目的からでたものであり、その手段・方法が法秩序全体の精神に照らし相当なものとして社会観念上是認されるものである限りは、実質的に違法性を欠き正当な業務行為というべきである」と判示し

ました。ただし、本件の取材行為は、女性職員との肉体関係を利用した「人格の尊厳を著しく蹂躙した」ものであり、正当な取材活動の範囲を逸脱しているとしました。

(3) 取材源の秘匿および取材する者と
　　　　取材される者との信頼関係の保護に関する判例

　取材源の秘匿が保障されないと、あるいは広く、取材する者と取材される者との信頼関係が保護されないと報道機関は取材活動を円滑に行うことができなくなり、ひいては適切な報道が行えず、国民の知る権利が充足されません。

　新聞記者が逮捕状の発布につき事前に情報を入手し、記事にしたところ、情報漏洩者の捜査のため裁判所に召喚され、証言を拒否したため、証言拒絶罪（刑事訴訟法161条）で起訴された石井記者事件（最大判1952・8・6刑集6・8・974）において、最高裁は、「新聞記者に取材源につき証言拒絶権を認めるか否かは立法政策上考慮の余地のある問題」であるが、刑事訴訟法は新聞記者に証言拒絶権を認めていない。また、憲法21条は、「新聞記者に特種の保障を与えたものではない」し、「未だいいたいことの内容も定まらず、これからその内容を作り出すための取材に関しその取材源について」、「司法権の公正な発動につき必要欠くべからざる証言の義務をも犠牲にして」、証言拒絶の権利を保障したものではないと判示しました。取材の自由が憲法21条で保障されていると解する立場からすれば、取材源の秘匿は単なる立法政策の問題ではなく、少なくとも、個々の事案に即して、慎重な比較衡量をした上で判断すべきであると考えられます。とくに、取材源の開示が刑罰をもって強制されることにより、報道自体が萎縮してしまう危険を重視すべきでしょう。

　取材する者と取材される者との信頼関係の保護に関する事件としては、①刑事裁判の証拠としての取材フィルムの裁判所への提出命令が争われた博多駅テレビフィルム提出命令事件、②検察の捜査のためになされた取材ビデオテープの差押処分が争われた日本テレビ事件（最決1989・1・30刑集43・1・19）、

③警察の捜査のためになされた取材ビデオテープの差押処分が争われたTBS事件（最決 1990・7・9・刑集 44・5・421）があります。

①の事件において、最高裁は、取材フィルムの提出が強制されるか否かは、犯罪の性質・態様・軽重、取材したものの証拠としての価値、公正な刑事裁判を実現するにあたっての必要性、取材したものを提出することにより報道機関の取材の自由が妨げられる程度、取材フィルムの提出が報道の自由に及ぼす影響の度合いなどを比較衡量して決められるべきであり、刑事裁判の証拠として使用することがやむを得ない場合でも、それによって受ける報道機関の不利益が必要な限度を超えないように配慮されなければならないとしつつ、本件では、当該フィルムが証拠上きわめて重要な価値を有し、他方、報道機関が被る不利益は、将来の取材の自由が妨げられるおそれにとどまるので、この程度の不利益は受忍されなければならないと判示しました。比較衡量の手法がとられていますが、「公正な刑事裁判の実現」と「取材の自由が妨げられるおそれ」を単純に比較衡量したのでは、はじめから結果は見えています。むしろ、裁判所は、公正な刑事裁判のためには、取材フィルムの提出に代わる手段が他にないことを厳密に説明すべきであると思われます。

②および③の事件において、最高裁は、①事件判決を踏襲し、「公正な刑事裁判を実現するために不可欠である適正迅速な捜査の遂行」と取材の自由が受ける影響を比較衡量し、ビデオテープの差押処分を追認しています。しかし、①事件と②および③の事件を同列に扱うことはできないと思われます。前者では、利用目的が特定されていますが、後者では、必ずしもそうとはいえません。

(4) 放送の自由

放送は、報道番組だけでなく、娯楽番組や教養番組を含みますが、ここで放送の自由について触れておきます。放送はインターネットなどの発達により通信との境界線が曖昧になりつつあり、また、従来の地上波放送だけでなく、ケーブルテレビや衛星放送の普及により流動的な状況にありますが、現

行法上、放送は、「公衆によって直接受信されることを目的とする無線通信の送信」（放送法2条1項）と定義され、周波数帯の有限性・希少性や印刷メディアにはない即時的なインパクトなどを理由として、公安および善良な風俗を害しないこと、政治的に公平であること、報道は真実をまげないですること、意見が対立している問題について多角的に論点を明らかにすることという準則に従い、また、教養・教育・報道・娯楽番組を調和させることが義務づけられています（同法3条の2）。ただし、これらの義務は法的な義務ではなく、倫理的な意味が強いものと考えられ、そのように運用されています。

II 集会の自由

集会では意見表明や情報提供がなされ、その場での討論を通じて新たな意見が形成されることもあります。そこで、憲法21条1項は、表現の自由の一形態として集会の自由を保障しています。集会が行われる場所は、公会堂や公民館などの屋内施設や公園や広場などの屋外施設などさまざまですが、一般的に、集会は大勢の人が1カ所に集まるという特性を持ちますから、それに応じた他者の権利・利益や社会公共の利益との調整が必要となります。このため、公共施設の使用には管理権者の許可を受けなければならないとされています。実際、問題となるのは、この使用許可が得られなかった場合であり、次の判例が重要です。

メーデー集会のための皇居外苑の使用不許可処分が争われた事件（最大判1953・12・23民集7・13・1561）で、最高裁は、公共用財産である皇居外苑の利用の許否は、公共の用に供せられる目的に副うものである限り、管理権者の単なる自由裁量に属するものではないとしつつ、本件では、膨大な参加者数と長時間の利用のために公園の著しい損壊が予想され、長時間にわたり一般国民の公園としての利用が全く阻害されるので、本件の不許可処分は、公園管理権の運用を誤ったものとは認められないと判示しました。しかしながら、一般国民の利用が阻害されるとしても、それはメーデー当日だけのことです

から、いわば受忍限度の範囲内ではないかと思われます。

　条例の定める「公の秩序をみだすおそれがある場合」に該当するとして、市民会館の使用を不許可にした処分が争われた泉佐野市民会館事件（最判1995・3・7民集49・3・687）において、最高裁は、不許可処分を適法としましたが、管理権者が利用を拒否しうるのは、施設をその集会のために利用させることによって、他の人権が侵害され、公共の福祉が損なわれる場合に限られ、そのような制限が必要かつ合理的なものとして是認できるか否かは、集会の重要性と、集会によって侵害されることのある他の人権の内容や侵害の発生の危険性の程度等を衡量して決められるべきであるとの基準を示し、その危険性は、「明らかな差し迫った危険の発生が具体的に予見されることが必要である」と判示しました。また、最高裁は、類似した事案である上尾市福祉会館事件（最判1996・3・15民集50・3・549）では、「会館の管理上支障があると認められるとき」という不許可処分の事由に該当する事態が生じることが、客観的な事実に照らして具体的に明らかに予測されたものとはいえないとして、不許可処分を違法としました。これら2つの判決で、最高裁は厳格な審査基準により判断していると評価できます。

　しかし、大まかな比較衡量により判断された事案もあります。多数の暴力主義的破壊活動者の集合の用に供され、またはそのおそれがある空港規制区域内に所在する工作物の使用を運輸大臣が禁止することができると定める「新東京国際空港の安全確保に関する緊急措置法」（いわゆる成田新法）が問題となった事件（最大判1992・7・1民集46・5・437）において、最高裁は、使用禁止により保護される利益は空港の安全、航空機の航行の安全、空港利用者の安全であり、制限される利益は「多数の暴力的破壊活動者が当該工作物を集合の用に供する利益」にすぎないので、禁止命令は「公共の福祉による必要かつ合理的なもの」であると判示しました。

III 結社の自由

　結社とは、人が政治問題、経済問題、学問、芸術、慈善、社交などにかかわる共通の目的をもって継続的に結合することです。憲法は、個人の活動には限界があり、個人が結合し協力することにより、それぞれの目的に応じた成果が達成され、ひいては社会全体の利益にもなりうるとの観点から、結社の自由を保障したと思われます。憲法21条1項は結社の自由の一般規定であり、個別の規定に根拠が求められる場合には、それによると考えられます。つまり、宗教団体は憲法20条1項により、労働組合は憲法28条により根拠づけられます。また、21条の結社に営利を目的とする団体が含まれるか否かは明らかではありませんが、それらは22条の職業選択の自由や29条の財産権の規定を根拠とすると考えるほうが自然ではないかと思われます。

　結社の自由は、団体を結成する自由、結成しない自由、解散する自由、加入する自由、加入しない自由、脱退する自由、団体として活動する自由などを含みます。ただし、弁護士会や税理士会のような団体については強制設立・強制加入が認められます。というのは、弁護士や税理士などは、いわゆる自由業ですが、専門性や公共性の高い職業であり、弁護士会や税理士会などの目的が会員の職業倫理の維持や職務の改善などに限定されているからです。

　結社の自由も一定の制約に服します。まず、結社は、自らを維持・存続させ、円滑に活動するために、会費を払わない会員を除名するなどといった構成員に対する内部統制権を持ちますが、それは無限定ではありません。たとえば、強制加入団体である税理士会による政治献金のための特別会費の徴収が問題となった事件（最判1996・3・19民集50・3・615）で、最高裁は「法が税理士会を強制加入の法人としている以上、その構成員である会員には、様々な思想・信条及び主義・主張を有する者が存在することが当然に予定されて」おり、「政治団体に対して金員の寄付をするかどうかは、選挙における投票

の自由と表裏を成すものとして、会員各人が市民としての個人的な政治的思想、見解、判断等に基づいて自主的に決定すべき事柄で」あって、「公的な性格を有する税理士会が、このような事柄を多数決原理によって団体の意思として決定し、構成員にその協力を義務付けることはできない」と判示しました。

Ⅳ 知る権利

　福祉国家の発展により政策形成にかかわる国家が保有する情報が爆発的に増大し、また、マス・メディアの発達によって情報の発信者と受信者の分離が顕著になり、多くの国民が一方的な情報の受け手になりました。そこで、情報の受け手の権利、つまり知る自由と知る権利の重要性が認識され、前章で述べたように、表現の自由は、情報を提供する自由（表現する自由）だけでなく、情報を受け取る自由（知る自由、知る権利）も含むと考えられるようになったのです。厳密に考えると、知る自由は「国家からの自由」という伝統的な自由権であり、知る権利は国家に対して積極的に情報開示を求める請求権（国家による自由）という性格を持ちますが、ここでは両者をあわせて広く知る権利と呼ぶことにします。

(1) 国家に対する知る権利

　国民が主権者として参政権を行使し、政治に参加するためには、国政に関する情報が十分に提供されていなければなりません。つまり、民主政治が機能するためには国民の知る権利が充足されていなければなりません。とはいえ、権力担当者が自分に不利な情報までも自発的に国民に開示するとは限りませんから、国民の側から国政に関する情報に自由にアクセスできなければなりません。しかしながら、知る権利は抽象的な権利であり、それから具体的な情報公開制度が一義的に引き出されるわけではないので、実際に情報の開示を求めるには、法律による具体化が必要です（ただし、実際の情報公開制度

が不十分なものであれば、知る権利を侵害するものとして違憲となります)。このため、1999年に情報公開法(国の行政機関の保有する情報の公開に関する法律)が制定され、開示の対象となる行政文書の範囲、開示手続、不開示とされた場合の不服申立ての方法などが定められています。

(2) マス・メディアに対する知る権利

マス・メディアの報道が国民の知る権利に奉仕するからこそ、報道の自由が憲法上保障されていると考えられます。したがって、一般論としては、正当な理由がないのに、マス・メディアが報道すべきことをしなかった場合、国民の知る権利を侵害することになり、その意味で、報道機関には沈黙の自由はないといえます。この場合、国民がどのような実効的な救済を求めることができるかは別として、情報の発信者と受信者の分離状況を考慮すると、このように考えておく必要があります(このことは、反面、だからこそ報道機関に萎縮効果を与えるような圧迫、干渉を何者であれ、行ってはならないということを強調することにもなります)。

また、情報の発信者と受信者の分離状況を埋めるために、一方的な受信者である国民がマス・メディアに自由にアクセス(接近)し、自分の意見を表明する場を提供すること(たとえば、有料の意見広告の掲載や無償での反論の機会の提供など)を要求する権利、すなわち、アクセス権があるという主張が見られます。しかしながら、憲法21条によって、どのような場合にどのような一定の作為を具体的に請求できるかを一義的に決定することはできないので、アクセス権は法律による具体化を待たなければなりませんし、もし、このような法律を作るとしても、報道機関の自主性を制限したり、報道を萎縮させたりしないように慎重に検討しなければなりません。

共産党を誹謗する自民党の意見広告を掲載した産経新聞に対して、共産党が無料の反論文の掲載を求めた産経新聞事件(最判1987・4・2民集41・3・490)において、最高裁は、無料の反論文の掲載を求めるような反論権は、新聞を発行・販売する者に紙面を割くこと等の負担を強いるものであり、これらの

負担が、批判的記事、とくに公的事項に関する批判的記事の掲載を躊躇させ、表現の自由を間接的に侵す危険につながるおそれがあるので、名誉毀損による不法行為が成立する場合は別として、具体的な成文法の根拠がない限り、これを認めることはできないと判示しました。なお、反論権は名誉毀損の救済手段として利用する余地があると思われます（たとえば、公職の選挙の候補者に対する名誉毀損が投票日間際になされた場合など）。

V 通信の秘密

　明治憲法26条は、「日本臣民ハ法律ニ定メタル場合ヲ除ク外信書ノ秘密ヲ侵サル、コトナシ」と定めていました。憲法21条2項後段は、信書に限らず広く通信一般についての秘密を保障し、「通信の秘密は、これを侵してはならない」と定めています。通信の秘密は私生活の自由の保護の一部であると考えれば、それが21条に規定されていることは不適当であるようにも見えますが、通信自体、他者に対する表現であり、また、表現の自由（情報伝達の自由）を保障するには通信手段によるコミュニケーションの秘密を守る必要があります。したがって、通信の秘密が21条で規定されていることは決して不思議ではありません。

　通信の秘密は、通信内容の秘密だけでなく、発信者や受信者の住所・氏名など個人を特定する情報の秘密など通信に関するすべての事項の秘密を意味します。ただし、通信の秘密も絶対的ではなく、たとえば、破産法は破産者の郵便物等の破産管財人による開披（190条）、監獄法は在監者の信書の検閲など（46条～50条）、刑事訴訟法は被告人・被疑者等の郵便物等の押収（100条、222条）を定めています。

　通信の秘密について、とくに問題となるのは、電話盗聴などの通信傍受です。学説は、裁判所の発する令状によるとしても、対象を特定することが困難であり、犯罪と関係のない通信まで傍受されてしまうので、これには否定的でした。これに対して、最高裁は、犯罪の重大性、被疑者が罪を犯したと

疑うに足りる十分な理由があること、当該電話により被疑事実に関連する通話の行われる蓋然性があること、電話傍受以外の方法によってはその罪に関する重要かつ必要な証拠を得ることが著しく困難であること、電話傍受により侵害される利益の内容、程度を考慮した上で電話傍受をすることが捜査上真にやむを得ないことを条件にして、対象の特定に資する適切な記載のある検証許可状により電話傍受を実施することは許されると判示しました（最決 1999・12・16 刑集 53・9・1327）。現在では、通信傍受法（1999 年）が制定され、特定の犯罪（薬物・銃器関連犯罪等）につき、裁判所の発する傍受令状により通信を傍受することが認められています。

第 9 章

経済的自由権

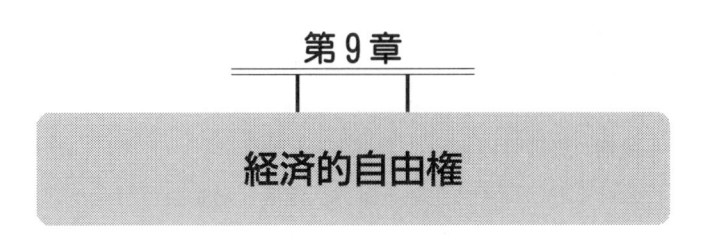

I 経済的自由権

　憲法22条1項は居住・移転の自由と職業選択の自由を定め、同条2項は外国移住の自由と国籍離脱の自由を定めています。また、29条は財産権と損失補償について定めています。これらの権利を総称して経済的自由と呼びます。近代市民革命は、封建的な身分制度による自由な経済活動に対する拘束を取り払うことを目的の1つとしていました。したがって、近代憲法では経済的自由は不可侵の人権と考えられていました。しかし、自由放任的な資本主義の発展に伴い貧困や富の集中といった種々の弊害が生じ、その結果、社会国家の考えが登場すると、経済的自由は社会的に拘束されたものであり、合理的な目的のために広く法律により規制される可能性があると考えられるようになりました。日本国憲法も、このような立場に立っています。

II 職業選択の自由

(1) 職業選択の自由の意義と規制

　憲法22条1項は、「何人も、公共の福祉に反しない限り、……職業選択の自由を有する」と定めています。もちろん、職業を選択するだけでなく、選択した職業を行い続ける自由も含まれます。職業選択の自由は、自由な経済活動を保障するものであり、個人が職業活動を通して自己の能力を開花させ

ることを可能とする重要な権利です。しかし、「公共の福祉に反しない限り」という文言が付されているように、職業選択の自由は、そのような文言が付されていない精神的自由権、たとえば、21条の表現の自由などに比べると、法律による規制の必要性が強いことが窺われます。というのは、職業活動が無制限に行われると、国民の生命・身体・健康・財産などが脅かされるおそれがあり、また、社会国家の理念から経済活動が政策的に規制される必要もあるからです。

職業活動に対する規制はいろいろな方式により行われます。人の生命や財産の安全にかかわる職業については、たいてい国家試験に合格しているといった公的な資格が要求されます（医師、弁護士など）。健康・公衆衛生・犯罪防止などの観点から一定の条件を満たせば営業が許可されることもあります（薬局、飲食店、古物商など）。行政による監督のために許可制よりは緩やかな登録制（貸金業など）や届出制（理容業など）が用いられることもあります。当然のことながら、人の尊厳に反する売春業などは禁止されています。また、公益性の高い事業には特許制がとられたり（電気、ガス、鉄道など）、国家が独占することがあります（かつての郵便事業やたばこ専売制など）。

(2) 職業選択の自由に関する判例と違憲審査基準

職業選択の自由に対する規制は、その目的に応じて、大きく消極目的規制（警察的規制）と積極目的規制（政策的規制）に分けられ、規制立法の違憲審査基準も異なります。消極目的の規制立法の合憲性の審査には、専門的な政策判断能力はとくに必要ではないので、「厳格な合理性の基準」が適用されます。すなわち、規制立法の目的と目的の達成手段の合理性を支える社会的経済的事実（立法事実）と、同じ目的を達成できるより緩やかな規制手段の存否が審査されます。これに対して、立法者の政策判断により制定された積極目的の規制立法の合憲性の審査では、立法者の裁量を広く認める必要があるので、「明白の原則」が適用されます。すなわち、当該立法の目的と規制措置が著しく不合理であることが明白である場合のみ違憲と判断されます。最

高裁もこのような立場をとっています。

　消極目的規制については、薬事法違憲判決（最大判1975・4・3民集29・4・572）が重要です。この事件では、薬局の新規開設の許可条件に含まれていた距離制限（本件では既存の薬局との距離がおおむね100メートル）による適正配置規制が問題となりました。最高裁は、これを違憲と判示しました。すなわち、許可制は職業の選択の自由そのものに制約を課す強力な制限であるから、その合憲性を肯定しうるためには、「重要な公共の利益のために必要かつ合理的な措置であることを要し」、また、それが消極的目的のための措置である場合には、「許可制に比べて職業の自由に対するよりゆるやかな制限である職業活動の内容及び態様に対する規制によっては右の目的を十分に達成することができないと認められることを要する」。薬局の適正配置規制は、「国民の生命及び健康に対する危険の防止」という消極的警察的措置であり、国が主張する「薬局等の偏在－競争激化－一部薬局等の経営の不安定－不良医薬品の供給の危険又は医薬品乱用の助長の弊害」という事由では、距離制限の必要性と合理性を肯定するに足りず、憲法22条1項に違反する。

　積極目的規制については、小売市場無許可開設事件判決が重要です（最大判1972・11・22刑集26・9・586）。この事件では、小売市場（多数の小規模小売店舗を同一建物内に含む施設）を開設する際の距離制限（本件では700メートル）を含む許可制の合憲性が争われました。最高裁は、社会経済の分野において、法的規制措置を講ずる必要があるかどうか、どのような対象について、どのような手段・態様の規制措置が適切妥当であるかは、主として立法政策の問題として、立法府の裁量的判断に待つ他なく、ただ、立法府がその裁量権を逸脱し、当該法の規制措置が著しく不合理であることの明白である場合に限って、これを違憲とし、その効力を否定することができると述べ、本件の許可制は小売市場の乱設に伴う小売商相互間の過当競争によって招来される小売商の共倒れから小売商を保護するための措置であり、その目的に一応の合理性が認められ、また、その規制の手段・態様も著しく不合理であることが明白であるとは認められないと判示しました。なお、同様に、公衆浴場法の距

離制限による適正配置規制（最判 1989・1・20 刑集 43・1・1）や生糸の一元輸入措置（最判 1990・2・6 訟務月報 36・12・2242）も積極的な社会経済政策のための措置として明白の原則により合憲とされました。

このように、最高裁は、規制措置の目的に応じて2つの審査基準を使い分けていますが、経済活動に対するすべての規制立法の目的が、消極目的と積極目的に明確に区別されうるわけではなさそうです。そのためか、最高裁自身、消極目的・積極目的の二分論が確立した後の判決でもこれに拘泥せず、判決を下しています（ただし、立法裁量を広く認めるゆるやかな審査基準と立法目的とその達成手段の関連性に立ち入って審査するより厳格な基準の二分論は維持されています）。たとえば、酒税確保のための酒類販売業の免許制が問題とされた酒税法判決において、最高裁は、消極目的・積極目的の二分論を明示せず、「酒類の販売代金の回収を確実にさせることによって消費者への酒税の負担の円滑な転嫁を実現する」という立法目的を達成するためにいかなる措置をとるかについては、租税に関する総合政策的・専門技術的判断を必要とするので、立法裁量を広く認めざるを得ないとして、許可制を合憲としました（最判 1992・12・15 民集 46・9・2829）。

たしかに社会経済政策立法や租税立法のように政策的・専門技術的判断が必要な領域では、裁判所は立法者の判断を尊重する必要がありますが、時代の変化によりかつての立法者の政策的専門技術的判断が明らかに時代遅れとなり、たとえば、単に不当な既得権益の保護となっているような場合には、明白の原則によっても違憲となると考えられます。

III 居住・移転の自由と外国移住・国籍離脱の自由

憲法 22 条 1 項は、「何人も、公共の福祉に反しない限り、居住、移転……の自由を有する」とし、また、憲法 22 条 2 項は、「何人も、外国に移住し、又は国籍を離脱する自由を侵されない」と定めています。歴史的に、これらの自由は、職業選択の自由を実現する前提として、人を生まれた土地に縛り

つけていた封建的な身分制度を否定し、人の移動の自由を要求するものでした。そのため、居住・移転の自由および外国移住・国籍離脱の自由は職業選択の自由と並んで経済的自由として保障されているのです。しかし、自由に移動すること自体が人身の自由そのものであると同時に、人は自由に移動することにより見聞を広め、その人格を自由に発展させることができるということからすると、これらの自由は精神的自由としての性格を強く持っています。したがって、職業選択の自由のように、社会的経済的政策のために広く法律による制限が認められると考えることはできません。

ところで、外国旅行の自由については明文の規定がありませんが、最高裁は、「著しく且つ直接的に日本国の利益又は公安を害する行為を行う虞があると認めるに足りる相当の理由がある者」に対して旅券の発給を拒否できると定める旅券法の合憲性が争われた事件において、外国旅行の自由は憲法22条2項の外国移住の自由に含まれると判示しました。同時に、旅券法の当該規定は公共の福祉のために加えられた合理的な制限であるとしました（最大判1958・9・10民集12・13・1969）。しかし、精神的自由の側面を持つ外国旅行の自由を制限するには、日本国の利益に対する具体的な危険が現に存在する必要があると考えられます。

Ⅳ 財産権

憲法29条1項は、「財産権は、これを侵してはならない」と定めていますが、同条2項は、「財産権の内容は、公共の福祉に適合するやうに、法律でこれを定める」と規定しています。一見すると、法律によりさえすればいくらでも財産権を制限できるとも読めますが、決してそうではありません。

さしあたり、29条1項は、個人が財産を持つということ自体は絶対に否定されないということを意味し、同条2項は、財産の所有や交換に関するルールは法律により決められるということを意味します。ただし、見解の対立があります。

第9章 経済的自由権

第1の立場からすると、人間らしい生活に不可欠な財産の私有と労働者を雇って商品を生産し、それを売買する企業活動のもととなる財産の私有（生産手段の私有）が絶対に否定されないとされますが、第2の立場からすると、後者の財産の私有は否定されうる、つまり、29条1項の財産権から除かれるとされます。両者の境目がはっきりしないので、第1の立場が支持されます。しかしながら、生産手段の私有が否定されないとはいえ、具体的な所有や交換のルールは、国民の生命・身体・健康・財産などへの危険の防止、社会国家理念からする経済的社会的弱者の保護あるいはその他の社会全体の利益を勘案して、法律により定められることになります。これが29条2項の意味です。

　このように財産の所有や交換のルールは、法律により定められるわけですが、法律が財産権の内容を何の制約もなく自由に定めることができるわけではありません。国会の立法裁量にも財産権保障の観点からの限界があります。これについては森林法共有林分割制限違憲判決が重要です（最大判1987・4・22民集41・3・408）。森林法186条は、「森林の細分化を防止することによって森林経営の安定を図り、ひいては森林の保続培養と森林の生産力の増進を図り、もって国民経済の発展に資すること」を目的として、持分価額2分の1以下の共有者による分割請求権を否定していました。最高裁は、分割制限の立法目的は公共の福祉に合致するが、その達成手段として持分価額2分の1以下の共有者に分割請求権を否定することは、「立法目的との関係において、合理性と必要性のいずれをも肯定することができない」として、同条は憲法29条2項に違反し、無効であるとしました。本件の規定は「森林経営の安定」といった目的からすると積極目的規制といえますが、最高裁は、かつての立法者の政策的判断がもはや時代にそぐわないことが明らかであると判断し、立法目的との関係において、その達成手段（分割制限）の合理性と必要性を審査したと思われます。

　また、29条2項については、条例による財産権の制限が可能であるかという問題があります。ため池の提とうでの耕作を禁じた条例の合憲性が争わ

れた奈良県ため池条例事件判決において、最高裁は、当該措置は「災害を未然に防止するという社会生活上の已むを得ない必要から来る」ものであり、ため池の堤とうの使用行為は「憲法、民法の保障する財産権の行使の埒外にあるもの」であり、「これらの行為を条例をもって禁止、処罰しても憲法および法律に抵触またはこれを逸脱するものとはいえない」と判示しました（最大判 1963・6・26 刑集 17・5・521）。通説的見解も、条例が民主的に組織された地方議会により制定されることから、実質的には法律と違いがないことなどを理由に、条例による財産権の制限を肯定しています。

V 損失補償

憲法 29 条 3 項は、「私有財産は、正当な補償の下に、これを公共のために用ひることができる」と定めています。簡単な例を挙げれば、道路の拡張のために家屋の取り壊しと土地の提供が求められた場合、その代償として正当な補償が支払われることになります。ここで、「公共のために用ひる」とは、直接、社会公共の用に供する場合だけでなく、農地改革の際の農地の買収のように、最終的に私人に譲渡するためであっても、前近代的な地主制の廃止という公共の利益に合致していれば、公共のために用いることになると考えられています。「用ひる」とは、特定の公益事業のために私人の財産を剥奪すること（公用収用）と私人の財産権を制限すること（公用制限）を含みます。

29 条 3 項の文面からすると、いかなる場合にも補償がなされるとも読めますが、決してそうではありません。補償がなされる根拠は、まずは負担の公平に求められますから、「特別な犠牲」が課されている場合に補償が必要となると考えられています。特別な犠牲にあたる要件としては、①財産権に対する侵害が広く一般人に及ぶのではなく、ある特定の個人や限られた集団にのみ及ぶこと、および②財産権に対する侵害が財産権に内在する社会的制約として受忍すべき限度を超えていることが挙げられます。したがって、原則的には、国民の生命や財産に対する危害を防止するための消極目的の侵害

第 9 章　経済的自由権

行為の場合、補償は必要とされません。前出の奈良県ため池条例事件判決は、損失補償は必要ないと判示しました。ただし、特別の勘案すべき事情があれば、損失補償は否定されません。河川の堤外民有地を賃借して砂利を採取していた者が、同地域が砂利採取に知事の許可が必要とされる河川附近地に指定されたため、許可を求めたが却下され、その後も無許可で砂利採取を行っていたところ、河川附近地制限令違反で起訴された事件で、最高裁は、「特別の犠牲を課したものとみる余地が全くないわけではなく」、「その補償を請求することができるものと解する余地がある」と判示しました（最大判1968・11・27刑集22・12・1402）。

「正当な補償」とはどのようなものかについて、相当補償説と完全補償説があります。最高裁は、農地改革事件判決（最大判1953・12・23民集7・13・1523）において、正当な補償は、「当時の経済状態において成立することを考えられる価格に基き、合理的に算出された相当の額をいうのであって、必しも常にかかる価格と完全に一致することを要するものではない」と述べました。しかし、その後の一般的な土地収用に関する判例では、最高裁は、「完全な補償、すなわち、収用の前後を通じて被収用者の財産価値を等しくならしめるような補償」をなすべきであるとしています（最判1973・10・18民集27・9・1210）。最高裁の判例が変更されたというよりも、むしろ、農地改革のような革命的な改革の場合は相当補償で足りるが、一般的な場合は完全補償が求められるというように考え方を使い分けていると思われます。

補償規定がない法令は29条3項違反かという問題があります。前出の河川附近地制限令4条2号は、補償規定を備えていませんでしたが、最高裁は、「直接憲法29条3項を根拠にして、補償請求する余地が全くないわけではない」とし、補償規定を欠いていても、ただちに違憲無効とはならないとしました。また、補償金の支払時期について、最高裁は、憲法は補償の時期については言明していないので、「補償が財産の供与と交換的に同時に履行されるべきことについては、憲法の保障するところではない」とし、後払いを認めています（最大判1949・7・13刑集3・8・1286）。

第10章

身体の自由と刑事手続

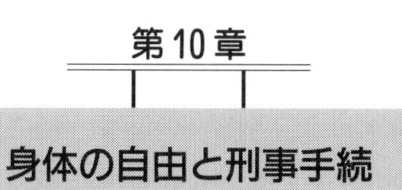

I 身体の自由

　個人の身体を不当に拘束することは、個人の自由に対して最も大きなダメージを与えます。なぜなら、身体の自由は個人のあらゆる活動の前提だからです。身体の自由が奪われていたら、精神活動の自由も経済活動の自由も意味のないものとなります。日本国憲法は、18条で奴隷的拘束および苦役からの自由を定め、31条で法定手続を保障し、33条から39条でかなり詳細な刑事手続上の権利を規定しています。このように日本国憲法が身体の自由について手厚い保障をしていることは、戦前の明治憲法下で身体の自由が不当に侵害されがちであったことを考慮しているからです。

　憲法18条は、「何人も、いかなる奴隷的拘束も受けない。又、犯罪に因る処罰を除いては、その意に反する苦役に服させられない」と定めています。奴隷のように束縛したり、むりやり働かせることは、人間として誰もが持っている独立した人格を踏みにじることに他なりません。こうしたことは国によっても、また、国民どうしの間でも行われてはなりません。かつては、前借金により自由を拘束する人身売買のような芸娼妓契約や監禁状態で土木工事などに従事させるタコ部屋と呼ばれたものがありました。現在、これらは憲法18条に違反するので、許されません＊。

　　＊ここで、憲法18条を持ち出さなくても、芸娼妓契約は、公の秩序や善良な風俗に反する契約などを無効とする民法90条により認められません。また、労働基準法は、「使用者は、暴行、脅迫、監禁その他精神又は身体の自由を不当に拘束する手段によつて、労働者の意思に反して労働を強制してはならない」（5条）と定め、これに違反

した者は、「1年以上10年以下の懲役又は20万円以上300万円以下の罰金に処する」（117条）としているので、タコ部屋も許されません。

ところで、憲法18条により禁止されている「その意に反する苦役」に該当しない「意に反する労役」が問題となります。たとえば、災害対策基本法65条、71条、消防法29条5項、道路法68条2項などは、非常の場合に国民に労役を強制できると定めています。これは非常の場合に緊急かつ一時的に課されるものなので、憲法に違反しないと考えられます。禁止される苦役か否かは、課される労役の目的、程度および危険性などにより判断されるといえるでしょう。なお、刑法18条は罰金や科料を完納し得ない者を労役場に留置するとしていますが、これは憲法18条が「犯罪による処罰の場合を除いては」としているので憲法違反とはなりません。

II 適正手続の保障

憲法31条は、「何人も、法律の定める手続によらなければ、その生命若しくは自由を奪われ、又はその他の刑罰を科せられない」と定めています。これを単に法定手続の保障ということもありますが、「法律の定める手続」の内容が適正でなければ意味がないので、適正手続の保障といわれます。適正手続の保障には、①刑罰を科するには、犯罪と刑罰に関するルール、つまり刑罰法規が予め法律で定められていること、②法律で定められた刑罰法規の内容が適正であること、③刑罰を科するための手続が法律で定められていること、④法律で定められた刑罰を科するための手続の内容が適正であることが含まれています。

①の要請は、「罪刑法定主義」といいます。どのような行為が犯罪とされ、どのような刑罰が科せられるのかが予めわかっていなければ、国民は安心して自由に行動することができません。また、刑罰法規は、国民の自由に直接かかわるものですから、国民の代表者である国会が定める法律という形式で定められることが適切です。罪刑法定主義は、明治憲法23条でも規定され

ていたくらいの近代法の基本原則です。また、罪刑法定主義からすれば、当然、ある行為がなされた後、それを犯罪とする法律を制定して処罰することはできないはずです。これを「事後法の禁止」といいます。憲法39条は、「何人も、実行の時に適法であつた行為……については、刑事責任を問はれない」と定めています。

②の要請は、法律で定められた刑罰法規の内容も適正なものでなければならないということです。これについては、次の原則があります。

　a）法律の規定の明確性の原則　　刑罰法規があっても、それが漠然としていてあいまいであったら、国民はどのような行為が犯罪として禁止されているのかわからなくなってしまいます。刑罰法規は誰でも理解できるように明確でなければなりません。

　b）規制内容の合理性の原則　　刑罰法規が、本来、犯罪として処罰する必要のない行為まで処罰の対象としているというように、犯罪と刑罰に関するルールの内容は不合理なものであってはなりません。

　c）罪刑の均衡の原則　　100円盗んだら死刑というように軽微な犯罪にあまりにも重い刑罰が定められているならば、そのような犯罪と刑罰に関するルールは適正なものとはいえません。犯罪の重さと刑罰の重さはバランスがとれていなければなりません。

③の要請は、憲法31条が明示しているところです。憲法37条1項が、「すべて刑事事件においては、被告人は、公平な裁判所の迅速な公開裁判を受ける権利を有する」と定めているので、刑罰は裁判を通じて科されることになりますが、裁判に先立って警察や検察の犯罪捜査が行われますので、これも刑罰を科すための手続に含めて考えなければなりません。刑事手続のすべてをカバーする法律として刑事訴訟法があります。

④の要請は、31条の「法律の定める手続」が内容的にも適正なものでなければならないということです。手続の内容が適正であるためには最低限、「告知と聴聞を受ける権利」が保障されていなければなりません。国民は刑罰を科される場合、予めなぜ刑罰が科されるのかを告知され、釈明の機会が

与えられなければならないということです。これについては、第三者所有物没収事件判決が重要です。ここでは、密輸による関税法違反で没収された貨物の中に被告人以外の第三者の貨物も含まれていたところ、これは憲法31条違反ではないかが争われました。最高裁は、所有物を没収される第三者にも告知、弁解の機会を与える必要があり、これなくして第三者の所有物を没収することは憲法31条違反であるとしました（最大判1962・11・28刑集16・11・1593）。

ところで、本来、刑事手続に関する憲法31条が行政手続（税務調査の際の納税義務者への質問や帳簿の検査など）にも適用されるかどうかも問題となります。最高裁は、成田新法事件判決で、行政手続が刑事手続ではないとの理由のみで憲法31条の保障外にあると判断すべきではないとしました（最大判1992・7・1民集26・9・554）。また、川崎民商事件判決では、後述する憲法35条の令状主義と憲法38条1項の黙秘権の保障が、原則として行政手続にも及ぶとしました（最大判1972・11・22刑集26・9・554）。

III 刑事手続の流れ

国民が安心して生活できるように治安を維持することは国家の責務であり、その責務を果たすために国家は刑罰権を独占しています。しかし、この権力が濫用されたら、無実の人が犯人として処罰されかねません。そこで憲法は、刑事手続、すなわち犯罪捜査と刑事裁判のやり方について基本的なルールを定めています。

刑事手続をどのように組み立てるかについては、2つの考え方があります。1つは、刑事手続の基本目的は人権保障、つまり無実の発見であるとし、そのためには適正な手続の保障が必要であるとします。被疑者・被告人と捜査機関が対等な当事者であり、裁判所は中立なアンパイヤであるという構図が描かれます。もう1つは、刑事手続の基本目的は社会秩序の維持であるとし、そのためには犯罪の真相を解明して犯罪者を必ず処罰する必要があるとしま

す。裁判所や捜査機関が刑事手続において主導的な役割を果たすという構図が描かれます。明治憲法下では、後者の考え方が強かったので、人権保障の観点が後退しがちで、無実の人を犯罪者にしてしまうことさえあったようです。日本国憲法は、こうした過去の経験を考慮して基本的に前者の立場をとっています。

刑事手続には、①捜査、②起訴、③公判（裁判）の3つの段階があります。

①捜　　査　　通常、犯罪が発生すると、警察が捜査を行います。証人を捜し、証拠を集め、被疑者を取り調べます。必要があれば被疑者の身柄を拘束すること（逮捕）も認められています。警察が捜査した事件は原則として検察官に送致され、検察官は引き続き取調べをします。必要があれば被疑者の身柄を拘束すること（勾留）ができます。警察が逮捕した場合、48時間以内に送検し、検察官は24時間以内に裁判官に対して勾留請求を行います。勾留は10日間、やむを得ぬ事情があれば最大10日間の延長が認められます。

②起　　訴　　捜査の結果、犯罪の嫌疑があり処罰の必要性があれば、検察官が起訴します。犯罪の嫌疑がなければ不起訴とされ、犯罪の嫌疑はあるが処罰の必要性がなければ起訴猶予とされます。起訴するか否かは検察官の裁量（自由な判断）にまかされており、これを起訴便宜主義といいます（刑訴248条）。また、検察官だけが起訴を行いますが、これを検察官の起訴独占主義といいます（同247条）。検察官の起訴裁量をチェックする機関として、市民から構成される検察審査会がありますが、これは「不起訴処分」の当否についてのみ意見を述べます（検察審査会法2条）。

③公　　判　　起訴されると、被疑者は被告人となり、弁護人の助けを借りて、裁判官の前で検察官と対決します。証拠調べを通じて検察官の犯罪事実の立証と被告の側の反証活動が行われます。裁判官は公平・中立な立場から、事実認定をもとにして判決を下します。判決に不服があれば、被告人・検察官は上訴（控訴、上告）できます。ただし、上訴の理由は制限されており、控訴については、事実誤認、量刑不当、法令適用の誤りなど、上告については、憲法違反、判例違反などです。なお、裁判が終了し、判決が確定

した後でも、事実誤認を理由とする例外的な救済手段として再審があります。再審申立て理由は、無罪を言い渡すべき「明らかな証拠をあらたに発見したとき」(刑事訴訟法435条6号)などです。

Ⅳ 犯罪捜査のルールと被疑者の権利

(1) 不法な逮捕からの自由と令状主義

　捜査は相手方の同意を要しない強制捜査とそうではない任意捜査に分けることができます。捜査段階においても捜査機関（警察や検察）と被疑者とが対等な当事者であるとすれば、任意捜査が原則で、強制捜査は例外となります。強制捜査は、被疑者のプライバシーや身体の自由の制限を伴うので、これらを不当に制限しないように配慮しなければなりません。そこで令状主義という考えがとられています。

　逮捕について、憲法33条は、「何人も、現行犯として逮捕される場合を除いては、権限を有する司法官憲が発し、且つ理由となつてゐる犯罪を明示する令状によらなければ、逮捕されない」と定めています。捜査機関が被疑者を逮捕する場合、司法官憲（裁判官を意味すると解される）が発する逮捕令状が必要であり、これには逮捕の理由が明示されていなければなりません。ただし、現行犯逮捕の場合は逮捕の必要性が高く、誤認逮捕の可能性も低いので、現行犯逮捕は令状主義の例外とされています。

　憲法は逮捕状による通常逮捕と現行犯逮捕しか定めていませんが、刑事訴訟法は準現行犯逮捕（212条2項）と緊急逮捕（210条）という令状主義の例外を認めています。

　準現行犯逮捕とは、「犯人として追呼されている」者、「贓物又は明らかに犯罪の用に供したと思われる凶器その他の物を所持している」者、「身体又は被服に犯罪の顕著な証跡がある」者、または「誰何されて逃走しようとする」者が、「罪を行い終つてから間がないと明らかに認められるとき」、現行

犯人とみなして、令状によらず逮捕することです。

　緊急逮捕とは、「死刑又は無期若しくは長期3年以上の懲役若しくは禁錮にあたる罪を犯したことを疑うに足りる充分な理由がある場合で、急速を要し、裁判官の逮捕状を求めることができないとき」、その理由を告げて令状によらず被疑者を逮捕することです。逮捕後、ただちに裁判官の逮捕状を求める手続をしなければならず、逮捕状が発せられないときは、ただちに被疑者を釈放しなければなりません。緊急逮捕については、その合憲性を疑う見解も有力ですが、最高裁は、「厳格な制約の下に、罪状の重い一定の犯罪のみについて、緊急已むを得ない場合に限り、逮捕後直ちに裁判官の審査を受けて逮捕状の発行を求めることを条件とし、被疑者の逮捕を認めることは、憲法33条規定の趣旨に反するものではない」と判示しました（最大判1955・12・14刑集9・13・2760）。

　逮捕については、余罪捜査と別件逮捕の問題もあります。被疑者に複数の犯罪の疑いがある場合、そのうちの1つの罪（本罪）で被疑者を逮捕し、他の罪（余罪）についてもあわせて取調べることを余罪捜査といいます。通常の余罪捜査は違法とはいえません。最高裁は、「もっぱら、いまだ証拠の揃っていない本件について取調べる目的で、証拠の揃っている別件の逮捕に名を借り、その身柄の拘束を利用して、本件について逮捕して取調べるのと同様な効果を得ることをねらいとした」場合は、違法となるとしつつ、事実Aについて逮捕・勾留の理由と必要があり、事実Aと事実Bが社会的事実として一定の密接な関連がある場合、事実Bについて取調べても、それは事実Aについての取調べであり許されるとしました（最決1977・8・9刑集31・5・821）。

(2) 不法な侵入、捜索、押収からの自由と令状主義

　憲法35条は、「①何人も、その住居、書類及び所持品について、侵入、捜索及び押収を受けることのない権利は、第33条の場合を除いては、正当な理由に基づいて発せられ、且つ捜索する場所及び押収する物を明示する令状がなければ、侵されない。②捜索及び押収は、権限を有する司法官憲が発す

る各別の令状により、これを行ふ」と定めています。捜査機関が被疑者の住居に侵入し、証拠物件を捜索・押収するには、裁判官が発する令状が必要とされており、この令状なしに捜索・押収を行うことはできません。ただし、「第33条の場合を除いては」とされているので、現行犯逮捕であれ、令状による逮捕であれ、適法に逮捕される場合は、本条の求める捜索や押収のための令状は必要とされません（刑事訴訟法220条もこの立場で立法されています）。これに対して、最高裁は、「第33条の場合」とは「不逮捕の保障の存しない場合」であるとしています（最大判1955・4・27刑集9・5・924）。したがって、単なる現行犯の場合も、憲法35条の保障は認められないことになります。

(3) 抑留・拘禁に対する権利

捜査段階が公判の準備段階であって、被疑者と捜査機関とが対等な当事者であると考えるならば、被疑者は一方的に捜査の対象となるわけではなく、捜査という攻撃に対する防禦権が被疑者に保障されていなければなりません。

憲法34条は、「何人も、理由を直ちに告げられ、且つ、直ちに弁護人に依頼する権利を与へられなければ、抑留又は拘禁されない。又、何人も、正当な理由がなければ、拘禁されず、要求があれば、その理由は、直ちに本人及び弁護人の出席する公開の法廷で示されなければならない」と定めています。本条の前段は、抑留・拘禁（刑事訴訟法でいう逮捕に伴う留置・勾留）される被疑者に弁護人依頼権を保障しています。弁護人依頼権は単に弁護人を選ぶだけの権利ではありません。それは被疑者が自分の身を守るために弁護人と面会して、助言や援助を受ける権利を含みます。刑事訴訟法39条1項は、これを接見交通権として保障し、被疑者・被告人は、立会人なくして、弁護人と接見し、書類または物の授受をすることができるとしています。ただし、被疑者に国選弁護人は附されません（憲法37条は被告人にのみこれを保障しています）。こうした法の不備を補うために、各地の弁護士会による当番弁護士制度や法律扶助協会による被疑者弁護人援助制度があります。

憲法34条後段は、身体の拘束期間が長くなる拘禁に対しては裁判所のチ

ェックが働くようにしています。刑事訴訟法の勾留理由開示制度(82条以下)は、これを具体化したものです。

(4) 取調べに対する権利

憲法38条1項は、「何人も、自己に不利益な供述を強要されない」と定め、被疑者・被告人のみならず、証人にも不利益な供述（刑罰を科せられ、またはより重く罰せられることの根拠となる供述）を強要されないことを保障しています*。そもそも、知らないこと、身に覚えのないことは供述しようがないわけですから、供述を強要することは虚偽の供述をもたらしかねません。しかし、ほんとうに知らないかどうかは供述を強要されている本人にしかわかりませんから、知らないことの供述を強要されないようにするために、自分にとって不利益なことはいわなくてもよいとしています。刑事訴訟法は、いわゆる黙秘権を保障しています（同法311条1項は、「被告人は、終始沈黙し、又は個々の質問に対し、供述を拒むことができる」としています。なお、同法198条2項、291条2項）。なお、最高裁は、自己の氏名は不利益な供述に該当しないとしています（最大判1957・2・20刑集11・2・802）。

＊刑事手続以外の場面でも、憲法38条1項が問題となります。最高裁は、①麻薬取締法の麻薬取扱者の記帳義務について、黙秘権の放棄を擬制して合憲とし（最判1954・7・16刑集8・7・1151）、②道路交通取締法施行令の自動車運転者の「事故の内容」の報告義務について、事故の内容に「刑事責任を問われる虞のある事故の原因その他の事項」は含まれないとして合憲とし（最大判1962・5・2刑集16・5・495）、③前出の川崎民商事件では、収税官吏の所得税に関する質問検査の拒否に対する処罰について、質問検査は「刑事責任追及のための資料の取得収集に直接結びつく作用を一般に有する手続」ではないので、「自己に不利益な供述」を強要するものではないとして合憲としました（前掲最大判1972・11・22）。

憲法36条は、「拷問……は、絶対にこれを禁ずる」と定めています。そもそも、拷問が犯罪捜査のためとはいえ認められるはずはありませんし、拷問により得られた自白など信用できません。

また、代用監獄の問題があります。逮捕された被疑者の身柄は警察署の留置場に置かれ、送検後、勾留されると法務省の管轄下にある拘置所に置かれ

るのが原則です。しかし、実際には、拘置所に置かず、留置場をその代わりに使うことがしばしば行われています（この場合の留置場を代用監獄といいます）。拘置所に置かれると被疑者の身柄の管理者と捜査機関とは異なるので、長時間の取調べなどはやりづらくなりますが、代用監獄だと捜査機関の手もとに被疑者の身柄があるので取調べに都合がいいからです。適正な取調べが行われるためには、代用監獄は廃止されなければなりません。

V　刑事裁判のルールと被告人の権利

(1) 被告人の権利

　憲法37条1項は、「すべて刑事事件においては、被告人は、公平な裁判所の迅速な公開裁判を受ける権利を有する」と定めています。裁判が異常に長引けば、証拠が散逸し、証人の記憶も不確かになるおそれがあります。そして、なによりも、被告人という立場に長く置かれることによる精神的負担は決して無視できるものではありません。15年間も審理が放置されていた高田事件について、最高裁は、審理の著しい遅延により、迅速な裁判を受ける権利が侵害される異常な事態が生じた場合には、法律の規定がなくても、裁判そのものを打ち切って免訴の判決をすべきであるとしました（最大判1972・12・20刑集26・10・631）。また、裁判の公開は裁判の適正さを確保するために不可欠です。

　憲法37条2項は、「刑事被告人は、すべての証人に対して審問する機会を充分に与へられ、又、公費で自己のために強制的手続により証人を求める権利を有する」と定めています。被告人は、自分に不利な証言をする証人に反論するために、その証人を審問する権利と、自分に有利な証言をする証人を喚問する権利が保障されています。事実認定が適切に行われるためには、被告人の主張が十分になされなければならないからです。

　憲法37条3項は、「刑事被告人は、いかなる場合にも、資格を有する弁護

人を依頼することができる。被告人が自らこれを依頼することができないときは、国でこれを附する」と定め、私選弁護人を依頼できない被告人に国選弁護人を保障しています。

(2) **自白に関するルール**

憲法38条2項は、「強制、拷問若しくは脅迫による自白又は不当に長く抑留若しくは拘禁された後の自白は、これを証拠とすることができない」と定めています。ここに書いてあるようなやり方で得られた自白は、任意性が疑わしい自白であって、虚偽の可能性が高く、裁判を誤らせるおそれがあります。また、強制や拷問により自白を採取することは、それ自体やってはならないことですから（憲法36条・38条1項）、そのようにして得られた自白は証拠として採用されないことにして、取調べの中で強制、拷問、脅迫が行われないようにしたのです。

また、憲法38条3項は、「何人も、自己に不利益な唯一の証拠が本人の自白である場合には、有罪とされ、又は刑罰を科せられない」と定めています。これにより、自白を支える別の証拠（補強証拠）が要求されるので、安易に自白によりかかった事実認定は行わないことになります。

(3) **伝聞証拠に関するルール**

すでに触れたように、憲法37条2項は被告人に証人審問権を保障し、不利な証言に対して反対尋問、つまり反論することを認めています。ここから、犯罪事実に関する資料は反対尋問というテストを経てはじめて証拠となりうるというルールが引き出されます。たとえば、目撃者ではないBが法廷で「Aが目撃したといっていた」と証言したとしても、これはまた聞きの証拠、つまり伝聞証拠であり、Aが本当に目撃したかどうかはBに対する反対尋問を通しては確かめようがありません。したがって、伝聞証拠は排除されることになります。これについて、刑事訴訟法320条1項は、「……公判期日における供述に変えて書面を証拠とし、又は公判期日外における他の者の供述

を内容とする供述を証拠とすることはできない」と定めています。ただし、例外として、一定条件を充たした検察官の面前でなされた供述を録取した書面などは証拠になりうると定められています（刑事訴訟法321条以下）。

(4) 違法収集証拠に関するルール

先に見たように、憲法35条は、令状によらなければ住居・書類・所持品について侵入・捜索・押収を受けない権利を保障しています。この権利の保障を確実にするためには、令状によらず違法に押収された所持品などを証拠とすることはできないというルールをたてておくことが適切です。最高裁も、憲法35条の令状主義の精神を没却するような重大な違法がある証拠物を証拠とすることが、将来の違法な捜査を抑制するために相当でないと認められる場合は、その証拠物を証拠として用いてはならないと判示しています（最判1978・9・7刑集32・6・1672）。

(5) 一事不再理と検察官上訴

憲法39条は、「何人も……既に無罪とされた行為については、刑事上の責任を問はれない。又、同一の犯罪について、重ねて刑事上の責任を問はれない」と定めています。前者は、無罪の判決が確定した場合、後者は有罪の判決が確定した場合を念頭に置いた規定になっていますが、ともかく確定した裁判を蒸し返して、無罪を有罪にしようとしたり、軽い刑罰を重くしようとしたりして、被告人を再度危険な目にあわせてはならないということです。なお、本条は確定判決を蒸し返すことを禁じているだけなので、検察官による上訴は認められるとされています（最大判1950・9・27刑集4・9・1805）。

(6) 残虐な刑罰の禁止

憲法36条は、「……残虐な刑罰は、絶対にこれを禁ずる」と定めています。ここではとくに死刑（刑法9条・11条）が残虐な刑罰に当たるか否かが問題となりますが、最高裁は、憲法13条・31条の反対解釈、死刑の威嚇力による

一般予防効果、死刑による特殊な社会悪の根絶を理由に死刑は違憲ではないとし、ただ、火あぶり・釜ゆで・さらし首などは残虐な刑罰に当たると判示しました（最大判 1948・3・12 刑集 2・3・191）。また、太政官布告 65 号に基づく現在の絞首刑の執行方法は違憲ではないとしています（最大判 1955・4・6 刑集 9・4・663）。このように日本では死刑が認められていますが、1989 年に国連で死刑廃止条約が成立し、91 年に発効したことは留意すべきです（賛成 59、反対 26、棄権 48、日本は反対しました）。

VI　犯罪被害者への配慮

　刑事手続が国家の刑罰権の発現として構成されているために、犯罪の被害者やその遺族は刑事裁判の当事者にはなりません（当事者は被告人と検察官）。ただし、被害者やその遺族に対して、ある程度の配慮がなされています。たとえば、犯罪被害者保護法は、被害者（場合によっては家族など）が裁判を傍聴できるように配慮すること（2 条）、原則として公判記録を閲覧・謄写できること（3 条）、および被告人と被害者との間で被害に対する賠償についての合意を公判調書に記載するよう求めること（その記載は裁判上の和解と同一の効力を持つ）を認めています（4 条）。また、刑事訴訟法は、被害者とその遺族の意見陳述制度（292 条の 2）を設けており、検察審査会法は、検察審査会への申立ておよび意見書等の提出を被害者だけでなくその遺族にも認めています（38 条の 2）。

第11章

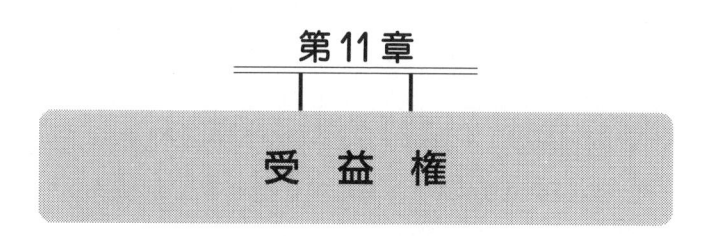

受益権

Ⅰ　請　願　権

　請願とは、国や地方公共団体の機関に対して、その職務に関する事項について、希望や苦情を述べる行為です。請願は、言論の自由が十分に保障されず、また、議会制が未発達の時代では、民意を為政者に伝える重要なルートであったといわれています。しかし、議会制民主主義が確立し、政治的な諸権利が保障されている現代社会においては、その重要性は低下していることは否めません。とはいえ、参政権が認められていない未成年者、外国人および法人にとっては、今でも重要な権利です。また、伝統的に受益権に分類される請願権の参政権的な性格にも留意する必要があります。代表民主制を基本とする日本国憲法の下で、それが機能不全を起こした場合には、請願は民意を直接的に表明する手段となります（たとえば、1960年の安保条約改定時の国会に対する請願が有名です）。

　明治憲法でも請願権は認められていましたが、天皇に対する請願が想定されていたために、請願は「相当ノ敬礼」を守ってなすべきとされ（30条）、皇室典範、憲法改正および裁判に関する事項についての請願は禁じられていました（旧請願令11条）。また、帝国議会の各議院に対する請願については50条に規定があり、議院法がその詳細を定めていました。

　日本国憲法は16条で請願権を定め、「請願をしたためにいかなる差別待遇も受けない」ことを保障しています。請願の対象は、「損害の救済、公務員の罷免、法律、命令又は規則の制定、廃止又は改正その他の事項」であり、

国または地方公共団体の行為に関するすべての事項に及びます。請願は希望を述べる行為にとどまり、具体的な法的効果を伴うものではないので、裁判に関する事項についての請願を否定する理由はありません。

　請願に関する一般法として請願法があります。これによれば、請願は文書で（同法2条）、請願事項を所管する官公署に提出されなければなりません（同法3条）。請願を受けた官公署はこれを誠実に処理しなければなりません（同法5条）。各議院に対する請願については国会法（79条〜82条）、地方公共団体の議会に対する請願については地方自治法（124条・125条）が規定しています。請願法3条は、天皇に対する請願は内閣に提出しなければならないと定めていますが、国政に関する権能を持たない天皇に対する請願には疑問が残ります。

II　裁判を受ける権利

　私人間の権利義務に関する争い（民事事件）や国・地方公共団体の国民・住民に対する権力行使をめぐる争い（行政事件）は、裁判により解決されます。また、犯罪に対する処罰（刑事事件）は裁判を通じて行われます。つまり、裁判によらなければ刑罰は科されません。裁判は国民の権利や自由を保障し、法の支配を実現するための不可欠な手段です。公平な裁判が行われるように、裁判所は政治権力からの独立が保障され、適正な手続に従って活動します。

　憲法32条は「裁判所において裁判を受ける権利」を定めています。これは公平な裁判所の裁判により権利や自由の救済を求める権利であり、そのような裁判所以外の国家機関により裁判されないことを保障します。裁判を受ける権利は、明治憲法でも、「法律ニ定メタル裁判官ノ裁判ヲ受クルノ権」（24条）として保障されていました。ただし、明治憲法では、司法権は民事・刑事の裁判に限定され、行政事件の裁判は、行政機関としての行政裁判所が行っていました。また、行政裁判所への出訴事由も狭く限定されていました。日本国憲法では、特別裁判所の設置が禁止され、行政事件の裁判も司法裁判

所の権限に属します。ただし、行政機関は終審としてでなければ裁判を行うことができます（76条2項）。

　憲法32条の「裁判所」は、憲法76条1項にいう「最高裁判所及び法律の定めるところにより設置される下級裁判所」を意味します。また、この「裁判所」は、法律上、当該事件につき正当な管轄権を有する裁判所であると解されます。この点、最高裁は、32条は「裁判所以外の機関によって裁判されることはないことを保障したものであって、訴訟法で定める管轄権を有する具体的裁判所において裁判を受ける権利を保障したものではない」から、管轄違いの裁判所が行った裁判は、違法であるが違憲ではないとしています（最大判1949・3・23刑集3・3・352）。これについては、32条の裁判所が単に憲法および法律で設置された裁判所を意味するにすぎないとしたら、その趣旨は76条1項の規定で満たされるから32条の独自の意味が薄れてしまうとか、32条が法制史上の沿革から「法律に定めたる裁判官」の裁判を受ける権利を保障しているはずであるといった批判があります。

　憲法32条の「裁判」は、民事事件、刑事事件および行政事件の裁判を含みます。また、この「裁判」は、法的紛争を公正に解決しうる適正な手続によってなされなければなりません。すなわち、裁判を受ける権利は、一定の手続的保障を含むものです。手続的保障として重要なのは、憲法82条の公開・対審（訴訟当事者が裁判官の面前で自己の主張を口頭で闘わせること）の原則です。最高裁も、「性質上純然たる訴訟事件につき、当事者の意思いかんに拘わらず終局的に、事実を確定し当事者の主張する権利義務の存否を確定するような裁判が、憲法所定の例外の場合を除き、公開の法廷における対審及び判決によってなされないとするならば、それは憲法82条に違反すると共に、同32条が基本的人権として裁判請求権を認めた趣旨をも没却する」と判示しました（最大決1960・7・6民集14・9・1657）。しかし、最高裁は「訴訟事件」と家事審判（とくに家事審判法9条1項乙類の事項）や借地非訟事件（借地借家法42条1項）などの公開・対審の手続によらない「非訟事件」を峻別するので、極論すれば、非訟事件については、どのような手続がとられようと32条違

反の問題は生じないということになります。たしかに、非訟事件は公開・対審の手続になじみませんが、やはり、非訟事件の手続も適正なものでなければならないはずです。したがって、32条の裁判を受ける権利は、訴訟事件か非訟事件かを問わず、それぞれの事件に応じた適正な手続で行われる裁判を受ける権利であると解するべきです。

　裁判を受ける権利の眼目が裁判を通じて実効的な救済を受けることにあるとすれば、その実現が経済的理由や法制度上の障害により妨げられてはなりません。現在、経済的側面については、刑事事件では「被告人」に対する国選弁護人の制度（37条3項）があります。しかし、捜査段階が公判段階の準備段階であるとすれば、「被疑者」に対する国選弁護人の制度が不可欠であると考えられます。また、民事事件では訴訟救助の制度（民事訴訟法82条～86条）や民事法律扶助法の民事法律扶助事業があります。法制度的側面については、行政事件における出訴期間の限定が問題となります。自作農創設特別措置法に基づく農地委員会の裁決に対する取消訴訟の出訴期間が1カ月とされていましたが、最高裁は、「その期間が著しく不合理で実質上裁判の拒否と認められるような場合でない限り」合憲であるとして、この1カ月の出訴期間を合憲と判断しました（最大判1949・5・18民集3・6・199）。しかし、1カ月という出訴期間はむしろ不合理ではないかとの疑問が残ります。

III　国家賠償請求権

　かつては、国家の公権力の行使により国民が損害を受けても、国家の賠償責任が認められていませんでした。しかし、国家の作用が拡大するにつれ、国民が国家の活動により不法な損害を被ることが多くなったため、欧米諸国では19世紀末から国家の賠償責任が認められるようになりました。明治憲法では国家無責任の原則がとられ、国の賠償責任を認める規定はありませんでした。判例で、国の非権力的作用に関する賠償責任が認められていたにす

ぎません。日本国憲法17条は、非権力的作用と権力的作用をとくに区別することなく、「何人も、公務員の不法行為により、損害を受けたときは、法律の定めるところにより、国又は公共団体に、その賠償を求めることができる」と定めています。ここで、「公務員の不法行為」とは、公務員の職務に関係した不法行為であり、公務員個人の私的な不法行為は含みません。

　憲法17条の国および地方公共団体の賠償責任の性格について、通説は、公務員の故意・過失により損害を受けた被害者の救済を確実にするために当該公務員に代わり国が賠償責任を負うと解する代位責任説です。これに対して、本来的に危険を内蔵している行政活動、とくに権力的活動を行う国は危険責任を負うので、それは国の自己責任であり、公務員の故意・過失とはかかわりのない客観的な公務運営の瑕疵があれば不法行為を構成すると解する自己責任説も有力です。また、国家賠償請求訴訟に国の具体的な政策の当否を問う国民の異議申立てという要素もあるから、国家賠償請求権も参政権的意義を有し、この観点から自己責任説が妥当とする見解もあります（浦部・憲法517頁）。

　憲法17条にいう法律として国家賠償法が制定されています。国家賠償法1条1項は、「国又は公共団体の公権力の行使に当る公務員が、その職務を行うについて、故意又は過失によって違法に他人に損害を加えたときは、国又は公共団体が、これを賠償する責に任ずる」と定めています。憲法17条では明示されていない「故意又は過失」が要件とされ、過失責任主義をとることが明示されています。国家賠償法4条は、国または公共団体の賠償責任について、国家賠償法の規定による外は、民法の規定によるとし、また、同法5条は、民法以外の他の法律に別段の定めがあるときは、その定めるところによるとしています。たとえば、郵便法の国の損害賠償に関する規定は、国家賠償法や民法に優先して適用されるとされてきました。

　ただし、最高裁は、郵便法違憲判決（最大判2002・9・11民集56・7・1439）において、郵便法68条および73条の規定のうち、書留郵便物について郵便業務従事者の故意または重大な過失により損害が生じた場合、および特別送達郵

便物について郵便業務従事者の故意または過失により損害が生じた場合に、国の損害賠償責任を免除または制限している部分は、「郵便の役務をなるべく安い料金で、あまねく、公平に提供することによって、公共の福祉を増進すること」(同法 1 条) という目的との関連で合理性、必要性があるということは困難であり、憲法 17 条に違反すると判示しました。

また、国家賠償法 2 条 1 項は、「道路、河川その他の公の営造物の設置又は管理に瑕疵があったために他人に損害を生じたときは、国又は公共団体は、これを賠償する責に任ずる」と定めています。この国および公共団体の賠償責任は無過失責任と解されており、最高裁も、国家賠償法 2 条 1 項にいう瑕疵は、営造物が通常有すべき安全性を欠いていることであり、国および公共団体の賠償責任について、過失の存在は必要とされないとしています (最判 1970・8・20 民集 24・9・1268)。なお、憲法 17 条は、「何人も」賠償を求めることができると規定していますが、国家賠償法 6 条では、「外国人が被害者である場合には、相互の保証があるときに限り」賠償請求権を認めています。

ところで、国会の立法行為や立法の不作為に対する国家賠償請求が可能かも問題です。国家賠償請求権の参政権的な機能を強調すれば、国会の立法行為や立法不作為の違憲を理由にした国家賠償請求は許容されうると考えられます。しかし、最高裁は、在宅投票制度廃止違憲訴訟の判決において、「国会議員の立法行為は、本質的に政治的なものであって、その性質上法的規制の対象になじまず」、「立法の内容が憲法の一義的な文言に違反しているにもかかわらず国会があえて当該立法を行うというごとき、容易に想定し難いような例外的場合でない限り、国家賠償法 1 条 1 項の規定の適用上、違法の評価を受けない」と判示しました (最判 1985・11・21 民集 39・7・1512)。「容易に想定し難いような例外的場合」はまずありえないので、国家賠償訴訟で立法行為ないし立法不作為を争う道はほぼ閉ざされてしまったといえます。

Ⅳ 刑事補償請求権

憲法40条は、「何人も、抑留又は拘禁された後、無罪の裁判を受けたときは、法律の定めるところにより、国にその補償を求めることができる」と定めています。これは無罪の判決を受けた者が被った身体の拘束を事後的に補償しようとする趣旨です。明治憲法下においても、刑事補償法（1931年）が制定されていましたが、恩恵的な性格が強いものでした。日本国憲法は、刑事補償請求権を基本的人権として保障しました。犯罪の嫌疑があった者の身体を拘束し、起訴したことは、無罪判決が下されたとしても、違法であるとはいえず、原則として適法です。しかし、身体を拘束され起訴された者が被った犠牲に鑑みれば、これを埋め合わせる必要があります。適法な国家行為による損失に対する補償という意味では、刑事補償と29条3項の損失補償は共通するものがあります。それと同時に、無罪判決が下された以上、身体の拘束には根拠がなかったことが明らかになったのですから、客観的には違法であったともいえます。その意味では、刑事補償請求権は17条の国家賠償請求権と共通するものがありますが、公務員の故意・過失を問わない無過失損害賠償である点で国家賠償とは異なります。したがって、「抑留又は拘禁」という身体の拘束が公務員の故意・過失により違法に行われた場合には、刑事補償請求と同時に、国家賠償請求もできます。公務員の故意・過失による違法について、最高裁は、逮捕・勾留は犯罪の嫌疑に相当の理由があり必要性があれば適法であり、起訴は合理的な判断過程により有罪と認められる嫌疑があれば違法ではないとしています（最判1978・10・20民集32・7・1367）。

憲法40条は補償の要件として「抑留又は拘禁された」こと（抑留とは一時的な身体の拘束をいい、拘禁とは継続的な身体の拘束をいいます）と「無罪の裁判を受けたとき」を明示し、その他詳細は法律に委ねています。40条にいう法律として、刑事補償法（1950年）が制定されています。「無罪の裁判を受けたとき」については、刑事訴訟法による無罪の確定と字義通りに解する説（多

数説）と自由を拘束した根拠がなかったことが明らかになったときと広く解する説が対立しています。刑事補償法25条1項は、「免訴又は公訴棄却の裁判をなすべき事由がなかったならば、無罪の裁判を受けるべきものと認められる充分な事由があるとき」に補償請求を認めていますが、前説によれば、これは40条の要請ではなく法律の上乗せと解され、後説によれば、これは40条の要請と解されます。また、刑事補償法は、未決の抑留・拘禁後、不起訴になった場合の補償を認めていませんが、前説によれば違憲とはなりません。後説によれば、この場合の補償も40条の要請となります。実際には、被疑者補償規程（法務省訓令）に補償の定めがありますが、これは行政の内部規則ですから、これに基づく不服申立てが認められなかった場合には、裁判所に救済を求めることができません。なお、少年鑑別所への「収容」は40条の「拘禁」ではなく、また、少年法の「不処分決定」は40条の「無罪の裁判」ではないとされ、刑事補償法の対象とされていませんでしたが、1992年に「少年の保護事件に係る補償に関する法律」が制定されました。

　刑事補償法は、身体が拘束された日数に応じて、1日1,000円以上12,500円以下の補償金を交付するとし、その額の算定については、「拘束の種類及びその期間の長短、本人が受けた財産上の損失、得るはずであった利益の喪失、精神上の苦痛及び身体上の損傷並びに警察、検察及び裁判の各機関の故意過失の有無その他一切の事情を考慮」すると定めています（4条）。

第12章

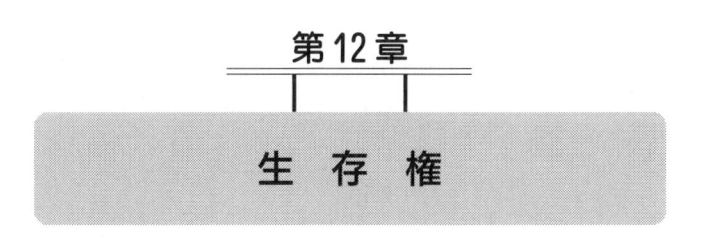

生 存 権

I 社会権の意義

　近代憲法は自由で対等な諸個人が市民社会を構成し、そこでは各人の自由な活動が保障されると考えました（国家からの自由）。とくに経済活動の自由は重要な権利とされ、自由競争が建前でした。経済的領域では私的自治・契約自由が原則であり、国家の役割は犯罪者の処罰や私人間の法的な紛争解決といった市民社会の基本的秩序の維持に限定されました（自由国家、夜警国家）。国家の介入が少なければ少ないほど、自由がよりよく保障されると考えられたのです。しかし、資本主義経済の発展の結果、経済的強者と経済的弱者が分化し、貧困や労働条件の悪化といった弊害が顕著になりました。

　20世紀になると、自由競争を維持しつつ、国家が経済的弱者の生存に配慮すべきだという考え方が強くなりました（社会国家、福祉国家）。現代憲法は、近代的人権に加えて、このような国家の責務の裏返しとして社会権を保障し、経済的自由に対する政策的な制約を許容しています。現代的な憲法である日本国憲法は、病気や障害により働けない者も生存しうるように生存権（25条）を、また、生産手段を持たない者（労働者）が一方的に弱い立場に置かれないように労働基本権（27条・28条）を、さらに、十分な教育を受けていないことで不利にならないように教育を受ける権利（26条）を保障しています。

　自由権と比べると、社会権は以下のような特徴を持ちます。第1に、自由権は国家の不当な干渉・妨害の排除を特質としますが（不作為請求権）、社会権は経済的社会的弱者を保護するための国家の積極的な配慮や私的領域への介

入を要請します（作為請求権）。第2に、自由権、とりわけ近代的な自由権は人一般の個人的権利と考えられていますが、社会権の1つである労働基本権は労働者というカテゴリーに属する者だけの集団的権利です。

　しかしながら、このようにいったとしても、社会権が自由権的性格を持ちうることを否定するわけではありません。たとえば、あまりにも過酷な税金は国家による国民の生存権の侵害にあたり、国民は裁判を通じて自己の生存に対する妨害の排除を請求できるはずです。同様に、国家が労働組合の結成や活動を妨げるならば、妨害の排除を請求できるはずです。

II　生存権の法的性格

　日本国憲法は社会権として生存権（25条）、教育を受ける権利（26条）、勤労の権利（27条）および労働基本権（28条）を明文で保障していますが、「すべて国民は、健康で文化的な最低限度の生活を営む権利を有する」と生存権を規定する25条1項は、社会権の総則的規定でもあります。したがって、憲法に明文化されていない社会権的性格を持つ人権、たとえば、環境権の根拠となりうると考えられています。

　憲法25条2項は、「国は、すべての生活部面について、社会福祉、社会保障及び公衆衛生の向上及び増進に努めなければならない」と定めています。この規定は、生存権などの社会権が保障されたことにあわせて、社会国家・福祉国家として国民の社会権の充実に向けて努めるべきであるという努力義務を国に負わせています。この義務はまずは法律により具体化することにより果たされます。生存権を具体化する立法はさまざまな分野に及んでいます。社会保険に関しては、国民年金法・厚生年金法・健康保険法・雇用保険法が制定されており、社会福祉に関しては、生活保護法・児童福祉法・母子及び寡婦福祉法・老人福祉法・身体障害者福祉法・知的障害者福祉法が制定されています。また、医療や公衆衛生に関しては、医療法・地域保健法・食品衛生法・環境基本法などが制定されています。

生存権の法的性格については、プログラム規定説、抽象的権利説、具体的権利説の対立があります。

　プログラム規定説は、生存権を法的権利とは考えず、憲法25条は国に国民の生存を確保すべき政治的責務を課しているとします。その理由としては、生存権の内容が不明確であり、もし、ここから具体的な請求権が引き出され、裁判を通じてそれが実現されうるならば、裁判が万能の効果を持ってしまうこと、生存権の実現には財源が必要であり、予算措置は国会や政府の裁量に委ねられていること、あるべき健康で文化的な最低限度の生活の水準は法文の解釈から単純には決まらないことなどが挙げられます。これに対して、「健康で文化的な最低限度の生活」の内容は一定時点である程度客観的に確定できるとか、予算も憲法に拘束されるといった批判が可能です。極論すると、憲法25条をプログラム規定と解すると、国が生存権を実現する立法や政策をいっさい行わなくとも法的には何ら問題はないことになってしまいます。最高裁は、食糧管理法違反事件判決（最大判1948・9・29刑集2・10・1235）において、プログラム規定説を採用して以来、基本的には、この立場を踏襲しています。

　抽象的権利説は、生存権は抽象的であるにせよ法的な権利であるから、国は国民の生存を確保すべき法的義務を負うとし、反面、国民は憲法25条を直接の根拠として生活費の給付を請求するといったことはできず、生存権を具体化する法律によってはじめてそのような請求をすることができるとします*。そうするとプログラム規定説と大差はないようにも思われますが、抽象的権利説によれば、具体的な法律に基づく行政処分（生活保護の申請に対する却下など）を裁判で争う場合、憲法25条が当該法律の解釈基準となり、また、当該法律自体の合憲性を判断する基準となります。

<small>＊権利は最終的に裁判を通じて実現されるので、裁判官が判決において具体的な決定が下せるように、一義的に明確な内容を持っていなければなりません。生存権は明文規定があるので法的な権利であることは確かですが、裁判官がそれによってどれほどの金銭を給付し、どのようなサービスを提供すべきかを請求者の個別事情を考慮しながら具体的に決定できるほど明確な基準を含んではいません。その意味で生存権は抽</small>

象的な権利であるといわれるのです。

具体的権利説は、個別の法律がなければ国民は給付請求をすることができないとする点では抽象的権利説と異なりませんが、憲法25条を具体化する法律が存在しない場合、国民は立法不作為の違憲性を確認する訴訟を提起しうるので、その意味で生存権は具体的権利であるとします。これについては、現在の行政訴訟の枠内では立法不作為の違憲確認訴訟が技術的に難しいとか、違憲確認をしても具体的な救済の内容が不明確であるといった批判があります。また、国家賠償請求訴訟で立法の不作為を争うことも考えられますが、実際には、在宅投票制度廃止違憲訴訟最高裁判決によりその道が閉ざされていることはすでに述べた通りです。

以上の諸説のうち、抽象的権利説が多数説ですが、あまりこれらの学説の対立に拘泥するのは有益ではないと思われます。後に触れる堀木訴訟最高裁判決も、立法裁量の逸脱・濫用が憲法25条違反となりうることを認めているので、生存権が裁判規範であることは確かです。もちろん、憲法25条が裁判規範であるとしても、具体的な給付請求権が認められるわけではありません（社会保障立法がそれなりに整備されているので、憲法25条の生存権が具体的な給付請求権であるか否かにこだわる必要もあまりないと思われます）。要するに、憲法25条が裁判規範であることを前提にして、憲法25条を具体化する法律を制定した国会の立法裁量や法律に基づいて具体的な処分を行う行政の裁量をどのように統制するかを考えることが重要であるといえます。

III 生存権に関する判例

(1) 法律に基づいて処分を行う行政の裁量

朝日訴訟では、生活保護法における厚生大臣の生活扶助基準（厚生省令）の設定行為が問題となりました（1956年当時の給付額が月額600円であり、低額すぎて最低限度の生活を営むことができないとして裁判で争われました）。1審判決（東京

地判1960・10・19行裁例集11・10・2921）は、健康で文化的な生活水準は、「特定の時点においては一応客観的に決定すべきものであり、またしうるもの」であるから、厚生大臣の生活扶助基準の設定行為は判断の自由が束縛される覊束行為であり、その生活扶助基準による保護では健康で文化的な生活水準を維持できない場合は、生活保護法3条・8条2項に違反し、また、憲法25条にも違反すると判示しました。最高裁は、食糧管理法違反事件判決にならってプログラム規定説に立ち、「健康で文化的な最低限度の生活」は、「抽象的で相対的概念であり、その具体的内容は、文化の発達、国民経済の進展に伴って向上するのはもとより、多数の不確定要素を綜合考量してはじめて決定できるもの」とし、生活扶助基準の設定に際しての厚生大臣の自由裁量を広く認め、結論として、厚生大臣の判断には裁量権の逸脱・濫用はなかったと判断しました（最大判1967・5・24民集21・5・1043）。

(2) 行政処分の根拠となった法律の合憲性

堀木訴訟では、児童扶養手当法の併給禁止規定（本件では児童扶養手当と障害福祉年金）の合憲性が問題となりました。具体的にいうと、視力障害者として障害福祉年金を受けていた者が、寡婦として子どもを養育していたので、児童扶養手当の給付を申請したところ、併給禁止規定により申請が認められなかったため、併給禁止規定の合憲性が裁判で争われました。1審では、併給禁止規定が、障害福祉年金受給者とそうではない者の間での児童扶養手当の受給に関する不合理な差別となり、憲法14条1項に違反するとされました（神戸地判1972・9・20行裁例集23・8＝9・711）。

2審判決は、憲法25条2項は、「国の事前の積極的な防貧施策をなすべき努力義務のあること」を宣言し、憲法25条1項は、「防貧施策の実施にも拘わらず、なお落ちこぼれた者に対し、国は事後的、補足的且つ個別的な救貧施策をなすべき責務のあること」を宣言しているとし、憲法25条1項と同2項を分離する解釈を示しました。そして、ともに防貧施策に属する障害福祉年金と児童扶養手当の併給を禁止しても、救貧施策に属する生活保護法に

よる公的扶助があること、および憲法25条2項の防貧施策の内容については立法府の裁量にまかせられていることから、併給禁止規定は憲法14条1項や25条に違反しないとしました（大阪高判1975・11・10行裁例集26・10＝11・1268）。

　最高裁は、「健康で文化的な最低限度の生活」が抽象的相対的であること、国の財政事情を無視できないこと、および高度の専門的技術的な考察に基づく政策的判断が必要であることを理由にして、広い立法裁量を認めました。そして、公的年金という同一の性格を有する障害福祉年金と児童扶養手当の併給調整を行うかどうかは立法裁量に属し、本件の併給禁止規定は合理的な理由のない差別には当たらず、また、給付額の決定も立法裁量に属し、低額であるからといって当然に憲法25条に違反するわけではないとしました（最大判1982・7・7民集36・7・1235）。本判決は著しく不合理であることが明白である場合には、立法裁量の逸脱・濫用により違憲となることを認めているので、純然たるプログラム規定説に立っていないといえますが、生存権の重要性に鑑みれば、給付額や併給禁止規定の合理性については、具体的な生活水準等を踏まえたより厳格な審査が求められると考えられます。

Ⅳ　環　境　権

　1960年代の高度経済成長期に大気汚染や水質汚濁などの公害が発生し、大規模な開発により自然環境の破壊も進みました。これを契機に良好な環境を保全し、それを享受する権利としての環境権が「新しい人権」として主張されるようになりました*。憲法に環境権に関する明文規定はありませんが、13条（良好な環境の享受を妨げられないという環境権の自由権的側面）や25条（公権力に積極的な施策を求めるという環境権の社会権的側面）にその根拠が求められています。しかし、環境権を正面から承認した最高裁判例はいまだにありません。その具体的内容、すなわち自然環境だけでなく、社会的文化的環境も含めるのか、水や空気といった万人のものである自然環境について誰が権利を持つ

のか、どのような場合にどのような救済を誰に対して求めることができるか（どのような条件で損害賠償や差止めなどが認められるのか）などを明らかにしていく必要があります。

　＊水俣病や四日市ぜんそくといった四大公害病などの公害による被害は民事裁判を通じて事後的に救済されていきました。しかし、公害による被害を生まないためには予防的な事前の規制が重要です。そのため、1960年代から70年代にかけて、公害対策基本法をはじめとする種々の公害規制立法が制定されました。1993年に、公害問題と自然環境保全を一体としてとらえて環境保護政策を再編した環境基本法が制定されました。これに伴い公害対策基本法は廃止されました。

　環境権にかかわる裁判としては、大阪空港訴訟が有名です。大阪空港周辺の住民は航空機の離着陸の騒音に悩まされていたために、空港管理者（大阪空港の場合は国）に対して、人格権ないし環境権を理由に過去および将来の損害賠償と差止め（午後9時から翌朝7時までの航空機の発着禁止）を求めました。2審判決は、住民の請求を全面的に認めました。ただし、環境権に関しては、人格権に基づく請求を認めるので、環境権については判断しないとしました（大阪高判1975・11・27判時797・36）。最高裁は、本件空港の離着陸のためにする供用は、運輸大臣の有する空港管理権と航空行政権の不可分一体的な行使の結果であり、差止請求は公権力の行使を内容とする航空行政権の行使の取消変更ないしその発動を求める請求を含むので、「行政訴訟の方法により何らかの請求をすることができるかどうかはともかくとして」、民事訴訟の手続により差止めを求めることは不適法であるとしました。ただし、航空機による迅速な公共輸送という公共的利益の実現が、周辺住民という限られた一部少数者の特別の犠牲の上でのみ可能であって、そこには看過することのできない不公正が存するとして、過去の損害賠償を認めました（最大判1981・12・16民集35・10・1369）。

第 13 章

教育を受ける権利

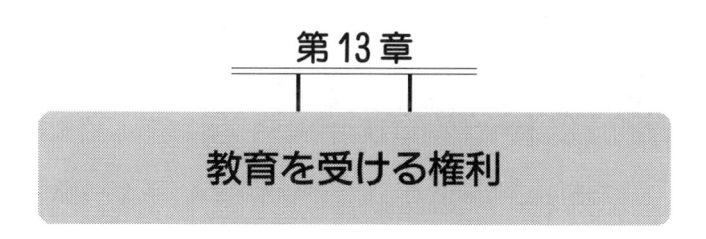

I　教育を受ける権利の意義と性格

　教育は、個人が人格を豊かに発展させるためにも、社会において職業活動を営むための能力を取得するためにも、また、民主政治の担い手である主権者にふさわしい知見を得るためにも不可欠なものであるといえます。このような教育の重要な意義を踏まえて、憲法 26 条 1 項は、「すべて国民は、法律の定めるところにより、その能力に応じて、ひとしく教育を受ける権利を有する」と定め、同条 2 項は、「すべて国民は、法律の定めるところにより、その保護する子女に普通教育を受けさせる義務を負う。義務教育は、これを無償とする」と定めています。

　近代以降の国家では、国が整備した学校教育制度が教育の前提となっていますから、国民の側からいえば、「その能力に応じて、ひとしく教育を受ける権利」は、義務教育の無償と相俟って国に対して教育の実質的な機会の均等を要求する権利であり、そのための教育制度の整備を求める権利であるといえますから、教育を受ける権利は社会権としての性格を持ちます。したがって、国は教育制度を整備し充実させる義務を負うことになります。また、憲法 19 条は、個人が自由に自己の思想・良心を形成することも含めて、思想・良心の自由を保障していますから、教育を受ける権利にいう教育は思想・良心の自由な形成に資するものでなければなりません。ここに教育を受ける権利の自由権的な性格が示されています。したがって、国は教育が個人の自由な人格形成を妨げないように配慮しなければならず、そのために教育

内容の中立性が求められます。

II　教育を受ける権利の内容

　教育を受ける権利は、生涯教育も含めて考えれば成人を含んだすべての国民の権利であり、これを否定する理由はありませんが、基本的には、発達過程にある子どもが教育を通じて学習し、人間的に成長していく権利であるといえます。そのために教育基本法や学校教育法の下、義務教育を土台にした教育制度が整備されています。

　このように教育を受ける権利が、基本的には子どもの権利であるわけですが、具体的には、子どもの「学習権」を保障していると考えられています。最高裁も、旭川学テ事件判決において、26条の背後には「特に、みずから学習することのできない子どもは、その学習要求を充足するための教育を自己に施すことを大人一般に対して要求する権利を有するとの観念が存在している」と述べています（前掲最大判1976・5・21）。

　子どもの学習権が、最高裁のいうように「教育を自己に施すことを大人一般に対して要求する権利」であるとしても、この権利に対応して、子どもに教育を施す義務を負うのは、当然、それぞれの子どもの親と国ということになります。まず、子どもの教育に第一次的な責任を負うのは親（保護者、親権者）です。26条2項前段は「子女に普通教育を受けさせる義務」としてそのことを明記しています。具体的には、学校教育法が、子どもを就学させる義務（22条・39条）と義務違反に対する罰則（91条）を定めています。また、国は、子どもの学習権を充足させるために、教育施設などの教育条件を整備することが義務づけられますし、経済的な理由で就学できないことがないように配慮しなければなりません（教育基本法3条2項参照）。ただし、教育を受ける権利・学習権は、社会権としては抽象的な権利にとどまり、具体的な請求権を含むとは解されませんので、裁判を通じて国に対して26条を根拠に教育条件の整備を求めることはできないと考えられます。しかしながら、抽象

的な権利と解したとしても、法律に基づいて整備された既存の教育施設の利用をめぐる争いであれば、26条は具体的な措置・処分や根拠となっている法律の違憲性を判定する裁判規範として機能すると考えるべきです。

教育を受ける権利・学習権に関して、次のような興味深い判決があります。

筋ジストロフィー少年入学不許可事件では、公立高校の入試で合格点に達していながら、学校の施設・設備の面や身体的状況を理由に不合格となった生徒の教育を受ける権利が問題となりました。裁判所は、普通高校に入学する学力がある以上、入学の途が閉ざされてはならないと判示しました（神戸地判 1992・3・13 判時 1414・26）。

麹町中学内申書事件では、麹町全共闘を名乗り機関誌を発行し、文化祭粉砕を叫んでビラをまいたといった内申書の記述によって高校入試に不合格となったと主張する生徒の「学習権」と「教師の教育評価権」の対立が問題となりました。1 審判決は、生徒の思想・信条に関する内申書の不利益記載は学習権を侵害するとしましたが（東京地判 1979・3・28 判時 921・18）、2 審判決は、これを覆しました（東京高判 1982・5・19 判時 1041・24）。最高裁は、学習権には触れず、校内の秩序を乱した行為を内申書に記載しても、生徒の思想・信条は了知されず、また、生徒の思想・信条自体を高校の入学者選抜の資料に供したとはいえないと判示しました（最判 1988・7・15 判時 1287・65）。

III 教育権の所在

教育を受ける権利に関する最も重要な問題は、教育権（教育内容の決定権）の所在をめぐる問題です。これについては、「国家の教育権」説と「国民の教育権」説があります。国家の教育権説によれば、国民の共通の関心事である教育は私事性が捨象された公教育であり、国民の教育意思は議会制民主主義を通じて法律として具体化され、それに基づく教育行政機関が国民の教育意思を体現することになります。また、教育の機会均等、教育水準の維持向上、中立性の確保などのためにも国が教育内容を規制する必要があるとされ

ます。これに対して、国民の教育権説は、国の役割を教育条件の整備に限定し、教育内容の決定権は親や教師など国民全体にあるとします。この説は、「教育の私事性」や「親の義務の共同化」といった観念をもとにして、親の教育の自由、親から教育を委託された教師集団の教育の自由などを総称するものとして教育権をとらえます。また、多数決原理が不可避である議会制は教育内容の決定に不向きであり、教育の機会均等、教育水準の維持向上、中立性の確保などの要請は国による教育内容の規制を正当化するものではないとされます。下級審判決では、国民の教育権説に立つ第 2 次家永訴訟杉本判決（東京地判 1970・7・17 行裁例集 21・7 別冊・1）と国家の教育権説に立つ第 1 次家永訴訟高津判決（東京地判 1974・7・16 判時 751・47）があります。

このような考え方の対立は、前述の旭川学テ事件最高裁判決により、一応の決着が見られました。最高裁は、次のように判示しました。すなわち、国民の教育権説も国家の教育権説もともに極端かつ一方的であって、そのいずれも全面的に採用することはできない。教育に関係する者が持つ権能の範囲をそれぞれ憲法上の根拠に照らして画定するのが合理的である。親の教育の自由は、主として家庭教育等の学校外における教育や学校選択の自由としてあらわれ、また、私学教育における自由、教師の教授の自由なども一定の範囲内で肯定されうる。それ以外の領域で、国は、適切な教育政策を樹立し実施すべき者として、必要かつ相当と認められる範囲内で教育内容を決定する権能を有する。ただし、教育に政治的影響が深く入り込む危険があるので教育内容に対する国家的介入はできるだけ抑制的であることが要請される、と。

たしかに、最高裁が述べるように、国は適切な教育政策を策定・実施し、一定の範囲内で教育内容を決定しうると考えられます。あまりにも教育の私事性を強調して、教育に関する私的決定を広く認めすぎると、社会の発展や民主政治に必要な社会全体の適切な教育水準が維持できなくなるおそれがあるからです。また、日本国憲法が体現する理念と整合的な考え方を公教育を通じていわば強制的に国民に植え付けることも必要だからです（長谷部・憲法 284 頁参照）。とはいえ、最高裁も認めているように、政党政治と結びついた

議会制の決定プロセスを牧歌的に正当化することは、政治的影響が入り込む危険があるので、こと教育に関しては慎重でなければなりません。したがって、最高裁のように国民の教育権説と国家の教育権説を折衷した見解が妥当です。国に教育内容を決定する権能があることを認めつつ、それが独占的権能ではないことに留意して、具体的にその決定権の範囲を画定していくということになります。さしあたり、国は教育課程の構成要素、教科名、授業時間数等の教育の大綱について決定する権能を有し、それ以外の事項については、指導的助言的な権能を有するにとどまると考えるのが適切でしょう（戸波・憲法 265 頁参照）。ともあれ、国民の教育権ができるだけ尊重されるように配慮する必要があります。

Ⅳ　学習指導要領と教師の教育の自由

　国の教育内容決定権の範囲にかかわる具体的な問題として、学習指導要領と教科書検定制度があります。

　小・中・高等学校の教育は、文部科学大臣の定める学習指導要領に基づいて行われるとされています（なお、これは教科書検定の基準としても用いられます）。学習指導要領は、実際には、かなり詳細に教育内容について規定していますので、国の教育内容決定権の範囲を逸脱しているのではないかとの疑問が呈されてきました。前述の旭川学テ事件最高裁判決は、国が普通教育の基準を設定する場合には、「必要かつ合理的と認められる大綱的な基準」にとどめられるべきであるとしつつ、その範囲をかなり広く認めて、学習指導要領を適法であるとしました。ただし、その法的拘束力については、一切明らかにしませんでした。その後、伝習館高校事件判決において、最高裁は、学習指導要領を「法規」であるとし、以下のように述べました。すなわち、「教育の一定水準を維持しつつ、高等学校教育の目的達成に資するために、高等学校教育の内容及び方法について遵守すべき基準を定立する必要があり、特に法規によってそのような基準が定立されている事柄については、教育の具体

的内容及び方法につき高等学校の教師に認められるべき裁量にもおのずから制約が存するのである」(最判 1990・1・18 民集 44・1・1)。

また、伝習館高校最高裁判決は、教師の教育の自由 (生徒の理解を深め、その能力をよりよく伸ばす教育方法を教師が教育現場の専門家として判断する自由) をより限定しているように思われます。かつて、最高裁は、旭川学テ事件判決において、児童生徒に教授内容を批判する能力がなく、教師が強い影響力・支配力を有すること、子どもの側に学校や教師を選択する余地が乏しいこと、教育の機会均等を図る上から全国的に一定の水準を確保すべき強い要請があることを理由にして、普通教育において教師に完全な教授の自由を認めることができないとしていました。これに対して、伝習館高校最高裁判決での説示は、学習指導要領に法規の性質を認めたことの帰結として、学習指導要領で規律された事項については、教師の教育の自由、裁量をほぼ否定したものとなっています。学習指導要領の中の法規たる部分 (どうしても全国一律でなければならない基準) とそうではない部分 (地域的な特色や学校ごとの特色が認められるべき部分) を教師の教育の自由を含めた国民の教育権に配慮して再検討すべきです。

V　教科書検定

教科書は、実際の学校教育において重要な役割を果たしています。したがって、教育内容の決定権を持つと考えている国は、学習指導要領を基準として教科書検定を行っています。国民の教育権の観点からすると、教科書検定の合憲性が問題となりますが、これは教科書検定が憲法 21 条 2 項の「検閲の禁止」に抵触するか、教科書執筆者の表現の自由 (憲法 21 条 1 項) を侵害するかという争点を含みます。

教科書検定の合憲性については、検定不合格処分が争われた 3 次にわたる家永教科書訴訟が重要です。前出の第 2 次家永訴訟 1 審判決 (いわゆる杉本判決) は、審査が思想 (学問研究の成果である学説を含む) の内容に及ばない限り、

教科書検定は検閲に該当せず、それ自体は合憲であるが、本件の検定は思想内容の審査に及んでいるので違憲であるとしました。これに対して、前出の第1次家永訴訟1審判決（いわゆる高津判決）は、教科書検定は思想内容の審査を目的とするものではなく、教科書として検定不合格となっても一般の図書として出版できるので検閲に当たらないし、記述内容に立ち入って審査しなければ合否の判定は不可能であり、その結果、出版の自由が制限されても、それは公共の福祉による制限として受忍すべきであるとしました。

最高裁は、第1次訴訟の判決で、旭川学テ事件判決を踏襲して、国は「必要かつ相当と認められる範囲において」教育内容を決定する権能を有するとし、税関検査判決の検閲概念を踏まえて、同1審判決と同じ理由で教科書検定自体は検閲に当たらないとしました。そして、実際の検定は、「学術的、教育的な専門技術的判断であるから、事柄の性質上、文部大臣の合理的な裁量に委ねられ」、教科書原稿の記述内容または欠陥の指摘の根拠となる検定当時の学説状況、教育状況についての認識などに「看過し難い過誤」がある場合には違法となるが、本件検定にはそのような違法はないとしました（最判1993・3・16民集47・5・3483）。

たしかに、教育の全国的水準の維持や教育内容の公正・中立性が要請される教科書の特殊性は否定できませんが、誤記・誤植などの形式面や教育内容の大綱的基準の枠内にあるかといった内容面の審査を超えて、具体的な記述の適否まで審査するならば、教科書出版の自由、ひいては教育の自由を圧殺してしまうおそれがあります。

VI 義務教育の無償

26条2項後段は「義務教育の無償」を定めています。無償とは授業料の無償と解するのが通説・判例（最大判1964・2・26民集18・2・343）ですが、就学に必要なすべての金品を無償とすべきであるとする説もあります。

第14章

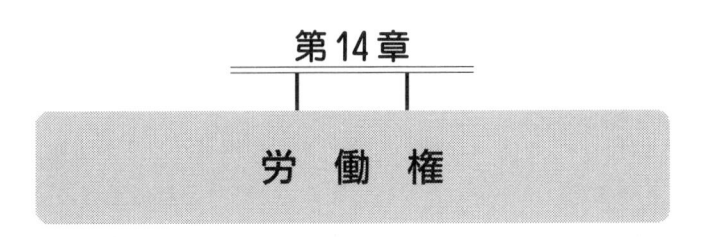

労 働 権

I 労働基本権の意義

　労働者（勤労者）は生産手段を持たないので、使用者に雇われて自己の労働力と引き替えに賃金を得るしかありません。労働者は使用者に対して経済的に劣位にあるので、労働者と使用者との間の労働契約に対等な私人間で妥当する契約自由の原則をあてはめると、労働者は不利にならざるを得ません。憲法28条は、労働基本権を保障することによって、労働者を使用者と対等な地位に置こうとしています。労働基本権は、団結権、団体交渉権および団体行動権（争議権）からなり、それらを労働三権ともいいます。

　労働基本権は複合的な権利です。第1に、労働基本権の行使を制限することを国に対して禁止する自由権的側面があります。とくに、正当な争議行為に対して刑罰を科さないということ（刑事免責）が重要です（労働組合法1条2項）。第2に、使用者の権利（契約の自由、財産権など）を労働者に有利になるように修正するため私人間に直接適用される権利という側面があります。とくに、正当な争議行為に対して損害賠償責任を免除すること（民事免責）が重要です（労働組合法8条）。第3に、国に対して労働基本権を具体的に保障する積極的措置を要求するという社会権的側面があります。したがって、国は労働基本権が保障されるように立法やその他の措置をとることが義務づけられることになります。その例としては、行政機関である労働委員会による争議のあっせん・調停・仲裁などが重要です（労働組合法20条）。

II 団結権

　団結権とは、一人ひとりは弱い存在である労働者が自らの労働条件を維持・向上させるために使用者と対等に交渉できるように労働者の団体(主として労働組合)を結成する権利です。団結権確保のための組合への加入強制(クローズド・ショップ、ユニオン・ショップ)は認められます*。ここに団結権と憲法21条の結社の自由との違いが見られます。とはいえ、加入強制には一定の限界があります。たとえば、ユニオン・ショップ協定のうちユニオン・ショップ協定締結組合以外の労働組合に加入したり、新たな労働組合を結成した者について使用者の解雇義務を定める部分は無効とされます(最判1989・12・14民集43・12・2051)。

> *一般にショップ制とは、労使間の労働協定において従業員資格と労働組合員資格を関連づけることにより行う組織強制を意味します。クローズド・ショップがとられると、既に一定の労働組合に加入しているものでなければ採用されず、その組合からの脱退または除名により組合員資格を失ったときは解雇されます。ユニオン・ショップがとられると、採用後一定期間内に特定の労働組合に加入しないとき、およびその組合からの脱退または除名により組合員資格を失ったとき解雇されます。

　労働組合はその内部事項について統制権を有し、違反者を処分することができます。したがって、労働組合と組合員の権利・自由が対立することがあります。たとえば、三井美唄労組事件では、組合の統制権と組合員の立候補の自由が対立しました。すなわち、労働組合が市議会議員選挙に際して統一候補を選定して組合としてこれを支持することにしたところ、これと別の組合員が独自に立候補し当選しました。これに対して、組合は1年間組合員としての権利を停止する処分を行い、これを公示しました。最高裁は、組合の統制権と組合員の立候補の自由を比較衡量し、立候補を断念するよう勧告することは許されるが、それを超えて、統制違反者として処分することは統制権の限界を超えるものとして違法となると判示しました(最大判1968・12・4刑集22・13・1425)。同様に、組合が推薦する候補者以外の立候補者を応援する組

合員の選挙運動を統制違反として処分することも、組合の統制権の限界を超えるとされます（最判1969・4・2別冊労働法律旬報708・4）。また、特定の立候補者支援のためのその所属政党への寄付を含む臨時組合費の徴収が争われた国労広島地本事件で、最高裁は、労働組合が支持政党や統一候補を決定し、その選挙運動を推進すること自体は自由であるが、組合員に対してこれへの協力を強制することは許されず、その費用の負担についても同様に解すべきであると判示しました（最判1975・11・28民集29・10・1698）。

III 団体交渉権

団体交渉権とは、労働者の団体が使用者と労働条件について交渉する権利です。交渉の結果、締結されるのが労働協約（労働組合法14条）であり、それは法的拘束力を持ちます（同法16条）。使用者は正当な理由なく団体交渉を拒否してはならず、拒否すればそれは不当労働行為に当たります（同法7条2号）。

IV 団体行動権

憲法28条は、労働者の団体が使用者と対等に団体交渉を行えるように、「その他の団体行動をする権利」、すなわち団体行動権を保障していますが、争議権がその中心となります。争議権は、労働者がストライキ（同盟罷業）や怠業を行い業務の正常な運営を阻害する権利です。争議行為の限界については、労働条件の維持・改善とは直接関係しない「政治スト」が問題になります。純然たる政治ストは別にしても、労働者の経済的地位の向上に密接に関係する法律の制定・改廃などにかかわるストライキ（経済的政治スト）であれば、正当な争議行為といえるとする考え方が学説では有力です。最高裁は政治スト違法説に立ちます（最大判1966・10・26刑集20・8・901）。また、労働組合が自ら企業の経営を行う生産管理という争議形態が問題となった事例とし

て山田鋼業事件があります。最高裁は、使用者側の自由権や財産権は労働者の団体行動等のためにある程度の制限を受けるのは当然であるとしつつも、使用者側の自由意思を抑圧し、財産に対する支配を阻止することは許されないとしました（最大判1950・11・15刑集4・11・2257）。

V 公務員の労働基本権

　憲法28条は労働基本権の主体を「勤労者」と規定するのみで、私企業の労働者と公務員を区別していません。しかし、公務員の労働基本権は、公務員のカテゴリーにより違いはあれ、一貫して法律上種々の制約が課されてきました。現行法上、公務員の労働基本権には、以下のような制約が課されています。①警察職員、消防職員、自衛隊員、海上保安庁職員および監獄職員は、労働三権が全面的に認められていません。②非現業の国家公務員、地方公務員は、団体交渉権から協約締結権が除かれ、争議権は全面的に認められていません。③国有林野事業の職員、特定独立行政法人の職員および地方公営企業の職員には、争議権が認められていません。

　このような規制、とりわけ公務員の争議行為の禁止をめぐって、これまで何度も裁判で争われてきました。判例は以下のように変遷しています。

(1) 第 一 期

　公務員の争議権に関する最初の最高裁判決である政令201号事件判決（最大判1953・4・8刑集7・4・775）は、政令201号がすべての公務員の団体交渉権と争議権を否認するとしても、労働基本権そのものが公共の福祉による制限を受け、とくに公務員は「全体の奉仕者」（憲法15条2項）であるから、一般の勤労者と異なる取扱いがされるのは当然であるとしました。

(2) 第 二 期

　春闘の際に勤務時間に食い込む職場集会へ参加させた行為が郵便法に違反

するかが争われた全逓東京中郵事件判決において、最高裁は、次のように判示しました（前掲最大判1966・10・26）。すなわち、全体の奉仕者を理由として公務員の労働基本権をすべて否定することは許されず、公務員の労働基本権は「担当する職務の内容に応じて、私企業における労働者と異なる制約を内包しているにとどまる」。つまり、「国民生活全体の利益保障という見地からの制約を当然の内在的制約として内包している」。どのような制限が合憲であるかは、以下の点を考慮すべきである。①その制限は、公務員の労働基本権の尊重と国民生活全体の利益とを比較衡量して、合理的な必要最小限度にとどめること、②職務または業務の性質が公共性が強く、その停廃が国民生活に重大な障害をもたらすことを避けるため必要やむを得ない場合であること、③制限に対する違反者に課せられる不利益は必要な限度を超えないこと、とくに刑事制裁は必要やむを得ない場合に限られ、原則として刑罰が科せられないこと、④制限に見合う代償措置が講じられること。以上の点に照らすと、争議行為を規制しつつも、違反に対する制裁として民事責任のみを予定すると解される公共企業体等労働関係法17条は合憲である。郵便物不取扱行為を処罰する郵便法79条の罰則は、正当な争議行為である場合には、刑事免責を定める労働組合法1条2項により、適用されない、と（公共企業体等労働関係法は、現在、特定独立行政法人等の労働関係に関する法律になっています）。なお、本件の最高裁判決により差し戻された控訴審は、無罪判決を下しました（東京高判1967・9・6判時509・70）。

このような流れの中で、勤務評定反対のための一斉休暇闘争を指導したことが地方公務員法に違反するかが争われた都教組事件判決において、最高裁は、次のように判示しました（最大判1969・4・2刑集23・5・305）。すなわち、地方公務員法37条・61条4号が、文面通りに地方公務員の一切の争議行為を禁止し、これをあおる行為等をすべて処罰するものと解するならば、違憲の疑いを免れない。しかし、法律の規定は、可能な限り憲法の精神に則し、これと調和しうるよう合理的に解釈されるべきである（合憲限定解釈）。したがって、地方公務員法61条4号は、争議行為自体が違法性の強いものであり、

かつあおり行為も違法性の強いものである場合に限り、そのあおり行為に刑罰を科すものと解される（いわゆる二重のしぼり論）。本件の行為は、争議行為に通常随伴する行為であり、処罰の対象とされるべきではない、と。本件の合憲限定解釈は、違憲の疑いをかけられた法律から違憲性を払拭し救済するにとどまらず、人権（ここでは公務員の労働基本権）をより広く保障する働きをしていると評価することができます。

　また、安保条約に反対するための勤務時間に食い込む職場集会への参加を慫慂した行為が国家公務員法に違反するかが争われた全司法仙台事件判決において、最高裁は、都教組事件判決と同様に、国家公務員法98条5項、110条1項17号について、合憲限定解釈をして違憲ではないとしました。しかし、政治目的のための争議行為は正当な範囲を逸脱したものであり、また、裁判所職員の職務の停廃は国民生活に重大な障害をもたらすおそれがあるので、本件の行為は争議行為に通常随伴するものとは認められないとしました（最大判1969・4・2刑集23・5・685）。

(3) 第　三　期

　警職法改正反対のための争議行為をあおる行為が問題となった全農林警職法事件判決において、最高裁は、「不明確な限定解釈は、かえって犯罪構成要件の保障機能を失わせることとなり、その明確性を要請する憲法31条に違反する疑いすら存する」として、全司法仙台事件判決が示した国家公務員法の合憲限定解釈を否定し、以下のように述べて、国家公務員法110条1項17号を真正面から合憲としました。すなわち、公務員の争議行為が制約を免れないのは、次の理由による。①公務員の争議行為は、その地位の特殊性および職務の公共性と相容れず、公務の停廃は国民全体の共同利益に重大な影響を及ぼすおそれがあること、②公務員の勤労条件は、国会の制定する法律や予算で定められるので、公務員が政府に対して争議行為を行うことは的はずれであり、議会制民主主義に背馳すること、③公務員の争議行為には、私企業の場合と異なり、市場抑制力が働かないこと、④公務員の争議行為の

禁止には、人事院制度などの適切な代償措置が講じられていること。また、争議行為をあおる等の行為を処罰することは、十分に合理性がある。したがって、国家公務員法98条5項、110条1項17号は憲法28条に違反しない、と（最大判1973・4・25刑集27・4・547）。

以上のように、全農林警職法事件判決は、仙台全司法事件判決を判例変更しました。その後、岩手教組事件判決は、全農林警職法事件判決と同じ論理で、合憲限定解釈を施すことなく、地方公務員法37条1項、61条4号を合憲としました（最大判1976・5・21刑集30・5・1178）。また、全逓名古屋中郵事件判決も、公共企業体等労働関係法が適用される職員の争議権に関して、全農林警職法事件判決で用いられた「公務員の地位の特殊性と職務の公共性論」、「勤労条件の決定に関する議会制民主主義論」、「市場抑制力欠如論」を踏襲し、公共企業体等労働関係法17条1項違反の争議行為には、労働組合法1条2項の適用はないとしました（最大判1977・5・4刑集31・3・182）。

このように、最高裁は現行法の規制を追認していますが、最高裁の考え方は、憲法28条が私企業の労働者と公務員をそもそも区別していないことをまったく無視しており、公務員の地位の特殊性と職務の公共性などと公務員の労働基本権の保障を調整しようとする観点が欠如しています。

VI　勤労の権利

27条1項は勤労の権利を保障しますが、これは社会権として位置づけられます。勤労の権利の法的性格については、生存権の法的性格の議論と同様に、国に国民の労働の機会を保障する政治的責務を課したもので法的権利ではないとする見解、法律による具体化が必要な抽象的権利であるとする見解、国が必要な立法や施策を講じない場合は立法の不作為としてその違憲確認を裁判所に求めうる具体的権利であるとする見解が見られます。いずれにせよ、職を得られない者が、勤労の権利に基づいて国に就労の機会を提供するよう請求できるとは考えられていません。しかし、勤労の権利を法的権利・裁判

規範と解すれば、勤労の権利はそれを具体化する法律の解釈指針となります。また、勤労の権利が使用者の解雇権を制約し、合理的な理由に基づかない解雇は無効となるとする見解が有力に主張されています。

　27条2項は、賃金、就業時間、休息などの勤労条件を法律で定めるとしています。私人間で原則とされる契約の自由により使用者と労働者の間で労働契約が結ばれますが、経済的に劣位にある労働者が低賃金や長時間労働など不利な条件を押しつけられないよう法律が最低限の基準を定めることになります（たとえば、労働基準法、最低賃金法などが制定されています）。これにより契約の自由は修正され、労働契約のうち法律が定める条件に反する部分は無効となります。

第15章 参政権

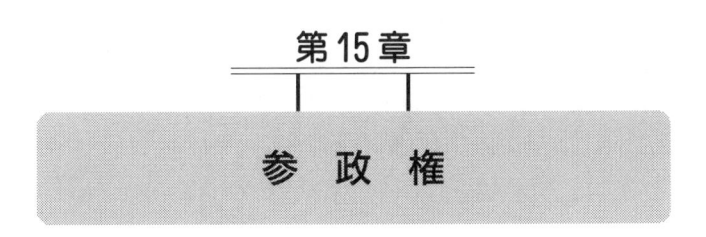

I 参政権の意義

　日本国憲法は国民主権を基本原理とするので、国民は主権者として国の政治に参加する権利、すなわち参政権を持っています。参政権として、公務員の選定・罷免権（15条1項）、これを具体化する国会議員の選挙権・被選挙権（43条1項、44条）、地方公共団体の長・議会の議員・法律の定めるその他の吏員の選挙権（93条2項）、最高裁判所裁判官の国民審査の投票権（79条2項）、また、憲法改正国民投票の投票権（96条1項）、地方自治特別法についての住民投票権（95条）が挙げられます。憲法はこれらの参政権をベースにして国民の意思に基づく民主主義的な統治制度を構築しています。ここでは、選挙権について見ておきます。

II 選挙権・被選挙権の法的性格

(1) 選挙権の法的性格

　憲法は代表民主制を基調として政治制度を組み立てているので、国民の政治参加は主として国会議員の選挙を通じて行われます。選挙権の法的性格について学説は、選挙権は文字通り代表を選挙する権利であるとする権利説と選挙権は公務であり権利でもあるとする二元説にわかれます。伝統的な二元説は、選挙権の公務性を公務員の選定という公務に参加するという意味での

公務執行の義務と考えていましたが（清宮・憲法Ⅰ137頁）、最近の二元説は、公務員という国家機関を選定する権利として純粋な個人権とは違う側面をとらえて公務性を認めています。具体的には、公職選挙法上（11条）、成年被後見人、受刑者、選挙犯罪による処刑者などが選挙権を行使できないことを選挙権の公務性による制限としているだけです（芦部・憲法239頁）。これに対して、権利説は受刑者や選挙犯罪による処刑者の選挙権の制限は再検討の余地があるとします（辻村・憲法351-352頁）。有権者は、全国民を代表する国民代表（憲法43条1項）を全国民の代わりに選挙で選ぶので、自分の選挙権の行使であっても、同時に、全国民のために選挙権を行使する責務があると考えられます（したがって、たとえば、公職選挙法221条1項により、買収に応じた者は処罰されます）。このような責務を公務という言葉で説明するか否かは、説明の仕方の違いにすぎないかもしれませんが、あえて公務という不明確な言葉を使う必要はないと思われます。

(2) 被選挙権の法的性格

被選挙権は「選挙人団によって選定されたとき、これを承認し、公務員となりうる資格」と説明されてきました（清宮・憲法Ⅰ142頁）。最近では、「被選挙権も広義の参政権の一つであり、権利性がないわけではない」と説かれています（芦部・憲法240頁）。被選挙権の根拠について、15条1項を根拠とする説と13条を根拠とする説があります。最高裁は、「憲法15条1項には、被選挙権者、特にその立候補の自由について、直接には規定していないが、これもまた、同条同項の保障する重要な基本的人権の1つと解すべきである」と判示しています（前掲最大判1968・12・4）。

Ⅲ　選挙権の保障と選挙に関する憲法原則

国民の意思が適切に表明されるように、選挙制度は組み立てられなければなりません。一般に、選挙に関する憲法原則としては、①普通選挙、②平等

選挙、③秘密選挙、④直接選挙、⑤自由選挙の原則が挙げられます。

(1) 普通選挙の原則

　普通選挙は、一定額の財産や納税額を選挙権の要件としない制度をいいます。1889年の衆議院議員選挙法では制限選挙制がとられていましたが、1925年に25歳以上の男子のみの普通選挙制が導入されました。敗戦直後の1945年末に衆議院議員選挙法が改正され、20歳以上の男女の普通選挙制が導入されました。憲法上、普通選挙は15条3項、44条但書で保障されています。

　普通選挙に関連して問題となるのは、第1に、選挙権の年齢要件です。15条3項は「成年者による普通選挙」とだけ規定しているので、年齢要件を引き下げることは可能と考えられます。反対に、年齢要件を引き上げることは、一定の年齢の国民から選挙権を奪うことになるので、不可能であると考えられます。

　第2に、在宅投票制度が問題となります。一時期これは廃止されていましたが、在宅投票制度廃止違憲訴訟を契機に復活し、現在、重度の身体障害者に在宅投票が認められています（公職選挙法49条2項）。ただし、最高裁は、憲法に在宅投票制度を積極的に命ずる明文規定はなく、むしろ選挙に関する事項は国会の裁量権に任されている（憲法47条）と判示しました（前掲最判1985・11・21）。しかし、歩行が困難で投票所に行けない者に対して何らかの措置をとることにより、選挙権を行使できるようにすることは普通選挙の要請といえます。

　第3に、在外投票制度が問題となります。1998年の公職選挙法改正により、海外に在住する有権者にも投票が認められることになりました（公職選挙法49条の2）。しかし、衆議院選挙と参議院選挙の比例代表部分についてしか認められていないという不十分さが残っています。

(2) 平等選挙の原則

　平等選挙の原則は、第1に、1人1票という投票の数的平等を保障します（憲法14条、44条）。第2に、投票価値の平等、すなわち1票の重さの平等を保障します。投票価値の不平等は、1つの選挙区に複数の定員が配分されている場合には、議員定数の不均衡という形であらわれます。また、定員が1の小選挙区制をとっても各選挙区の人口は異なるので、投票価値の不平等の問題は残ります。投票価値の平等は繰り返し裁判で争われてきましたが、最高裁の判例として、次のものが重要です。

　① **1976年4月14日判決**（最大判1976・4・14民集30・3・223）

　1972年の衆議院選挙で千葉県1区の有権者が、1票の較差が最大4.99対1に達しているとして選挙無効の訴えを提起しました。最高裁は次のように判示しました。すなわち、「各選挙人の投票価値の平等もまた、憲法の要求するところであると解するのが、相当である」。もっとも、「投票価値の平等は、……原則として、国会が正当に考慮することのできる他の政策的目的ないしは理由との関連において調和的に実現されるべきものと解さなければならない」。しかし、国会の裁量は、「合理的に是認することができるものでなければならない」。本件選挙当時、1票の較差が約5対1に達していたが、これは「憲法の選挙権の平等の要求に反する程度になつていたものといわなければならない」。よって、本件の議員定数配分規定は、「全体として違憲の瑕疵を帯びるものと解すべきである」。ただし、選挙の効力については、選挙を無効とすることにより生じる不当な結果を回避するため、行政事件訴訟法31条の事情判決を適用し、選挙を無効とはせず、違法と宣言するにとどめました。

　② **1983年11月7日判決**（最大判1983・11・7民集37・9・1243）

　1980年の衆議院選挙での3.94対1の較差の合憲性が争われました。最高裁は次のように判示しました。すなわち、1975年の定数配分規定の改正により較差が2.92対1に是正されていたので、不平等は一応解消されていた。

この配分規定により行われた本件選挙当時、較差は3.94対1に拡大していたが、定数不均衡を是正するための猶予期間として認められる合理的期間内にあったといえるので、本件選挙当時の較差は平等の要請に反するが、定数配分規定自体は違憲とはいえない、と。

ところで、この判決は、最高裁が3対1の較差までは憲法上許容する立場を示したものと解されています。これに対して、多くの学説は、できるだけ1対1が望ましいとしつつ、1人1票の原則を破ることになるので較差は2対1が許容限度であると考えています。

③ **1985年7月17日判決**（最大判1985・7・17民集39・5・1100）

1983年の衆議院選挙での4.40対1の較差の合憲性が争われました。最高裁は次のように判示しました。すなわち、1975年の改正で較差は2.92対1に是正されたが、1980年の選挙当時、較差は3.94対1に拡大し、本件選挙当時、較差は4.40対1にさらに拡大していた。1975年に改正された定数配分規定は、平等の要請に反するものとなっており、なおかつ、合理的期間内に定数配分規定の改正による議員定数不均衡の是正が行われなかった。よって、本件議員定数配分規定は全体として違憲である。選挙の効力については、事情判決の法理を適用する、と。

④ **1999年11月10日**（最大判1999・11・10民集53・8・1441）

1996年の衆議院選挙（小選挙区比例代表制）での2.309対1の較差の合憲性が争われました。最高裁は次のように判示しました。すなわち、小選挙区の区割りの基準を定める衆議院議員選挙区画定審議会設置法3条は、1項において選挙区間の人口格差を2倍未満とすることを基本とするよう定めながら、2項において区割りに先立ちまず都道府県に議員定数1を配分した上で残る定数を人口に比例して各都道府県に配分することを定めている。この基準自体憲法に違反しないし、また、本件の投票価値の不平等は憲法の選挙権の平等の要求に反するとは認められない。

以上は、衆議院選挙についての判決です。次は、参議院選挙についての判決です（なお、最高裁は参議院選挙について違憲判決を下したことはありません）。

⑤ **1983年4月27日判決**（最大判1983・4・27民集37・3・345）

1977年の参議院選挙の当時の地方区での5.26対1の較差の合憲性が争われました。最高裁は、参議院地方区の「地域代表的性格」という特殊性を重視し、参議院選挙の仕組みについて国会の裁量の範囲を衆議院選挙よりも広く認め、合憲と判示しました。

⑥ **1996年9月11日判決**（最大判1996・9・11民集50・8・2283）

1992年の参議院での選挙区間の6.59対1の較差の合憲性が争われました。最高裁は、この較差を違憲状態としましたが、是正措置をとらなかったことが、国会に与えられた立法裁量権の限界を超えたとまではいえないとして、配分規定自体は合憲としました。

(3) 秘密選挙の原則

秘密選挙の原則は、投票を秘密にすることにより、有権者が自由な意思で投票できることを保障します。どの候補者や政党に投票したかだけでなく、棄権したかどうかも秘密です。有権者は、その選択に関し公的にも私的にも責任を問われません（憲法15条4項）。また、秘密選挙の原則には「投票検索の禁止」の原則も含まれるので、刑事手続や議員の当選の効力を定める手続で誰に投票したかを調べることはできません（前者につき、最大判1949・4・6刑集3・4・459、後者につき、最判1950・11・9民集4・11・523）。

(4) 直接選挙の原則

直接選挙の原則について、憲法は地方公共団体での選挙について明文を置いていますが（93条2項）、国政レベルの選挙については明示していません。そのため、参議院に特色を持たせるように間接選挙を採用しても合憲であるという見解も見られます。しかし、代表の正確さを考慮すると間接選挙は不適切です。憲法93条2項は注意規定であり、国政レベルの選挙でも直接選挙が要請されていると考えるべきです。

(5) 自由選挙の原則

　自由選挙の原則は、第 1 に、棄権の自由（強制投票制の禁止）の保障を意味します。明文の規定はありませんが、棄権の自由は思想・良心の自由（憲法 19 条）や秘密選挙の原則により根拠づけられます。

　第 2 に、選挙運動の自由の保障を意味します。これは民主政治に不可欠な表現の自由（憲法 21 条）により根拠づけられます。しかし、公職選挙法は「選挙の公正の確保」を理由にして種々の選挙運動に網羅的な規制を課しており、たとえば、先進諸国ではほぼ自由に行われている戸別訪問を全面的に禁止しています。これについて、最高裁は、「戸別訪問の禁止は、意見表明そのものの制約を目的とするものではなく、意見表明の手段のもたらす弊害、すなわち、戸別訪問が買収、利害誘導等の温床になり易く、選挙人の生活の平穏を害するほか、これが放任されれば、候補者側も訪問回数等を競う煩に耐えられなくなる上に多額の出費を余儀なくされ、投票も情実に支配され易くなるなどの弊害を防止し、もって選挙の自由と公正を確保することを目的」としており、「戸別訪問を一律に禁止することと禁止目的との間に合理的な関連性がある」ので、戸別訪問の禁止は合憲であると判示しました（最判 1981・6・15 刑集 35・4・205）。選挙運動は、通常、候補者側からの一方的な宣伝にとどまりますが、戸別訪問は候補者側と有権者の間での公約をめぐる双方向の質疑応答を可能とするものなので、必要最小限の合理的な制約は許容されるにせよ、その全面禁止には疑問が残ります。

第16章

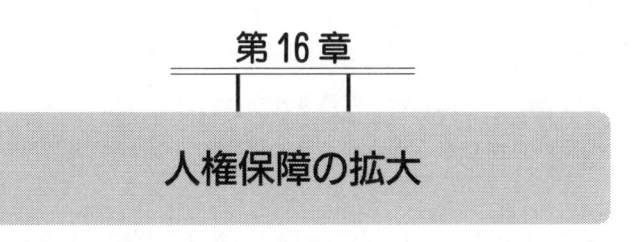

人権保障の拡大

I 包括的基本権

　憲法が保障する基本的人権は、個人の尊重を起点として、法の下の平等、自由権、参政権、受益権（国務請求権）、社会権に分類されます。ただし、この分類を厳格に考えすぎてはなりません。表現の自由にも情報の開示を請求するという社会権ないし国務請求権としての性格が含まれていますし、労働基本権にも公権力の干渉を排除するという自由権的な側面があります。

　ところで、憲法が保障する人権のカタログは、憲法が制定された当時の権利意識を反映したものであり、人間らしく生きるために不可欠なものと歴史的に認められた権利が○○の自由、△△の権利と名称を附されて、それぞれの条文に規定されています。そこで、名称を附され、個別の条文で規定された権利や自由だけが保障されているのかという疑問が生じます。これについては、憲法13条の「生命、自由及び幸福追求に対する国民の権利」（いわゆる幸福追求権）を根拠にして、とくに名前が付けられてはいない権利や自由を包含する「一般的自由権」が存在すると考えられてきました。

　たとえば、最高裁は、デモ行進の際に警察官が行った写真撮影の適法性が争われた京都府学連事件（最大判1969・12・24刑集23・12・1625）において、「個人の私生活上の自由の一つとして、何人も、その承諾なしに、みだりにその容ぼう・姿態を撮影されない自由を有するものというべきである。……少なくとも、警察官が、正当な理由もないのに、個人の容ぼう等を撮影することは、憲法13条の趣旨に反し、許されない」と判示し、プライバシー権の一

種といえる肖像権を認めました。また、在監者の喫煙の禁止について、最高裁は、「喫煙の自由は、憲法13条の保障する基本的人権の一に含まれるとしても、あらゆる時、所において保障されなければならないものではない」と判示し、喫煙の自由があるということは認めました（最大判1970・9・16民集24・10・1410）。

また、憲法13条は、プライバシー権や環境権などの「新しい人権」の根拠規定であるともいわれてきました。というのは、憲法制定当時はまだ人間らしい生活になくてはならないと意識されていなかったので個別の人権規定に書き出されなかったのですが、その後の激しい社会変動によって、そのようなものとして意識されるようになった権利主張を拾い上げる必要が出てきたからです。環境権についてはまだ裁判所は消極的な態度をとっていますが、プライバシー権は憲法13条を根拠とした人権として定着しています。

しかしながら、必要があるからといって、無限定に新しい人権を濫造することは、むしろこれまでに確立されてきた人権保障を弱めることにつながりかねません。そこで、一般に、憲法13条の幸福追求権は、個別の基本的人権を包括する基本権であるが、「個人の人格的生存に不可欠な利益を内容とする権利の総体」であると限定的に考えられています（芦部・憲法115頁）。もちろん、このように考えるからといって、一般的な行為の自由を否定する趣旨ではありません。個人の人格的な生存に不可欠な権利と一般的な自由を区別して、前者の保障をより確実にしようということです（前者に属するプライバシー権に対する規制措置に関する違憲審査は厳格に、後者に属する喫煙の自由に対する規制措置の違憲審査は前者に比べればゆるやかに行うということになります）。また、人格的生存に不可欠な権利といっても、たとえば、表現の自由は憲法21条で規定されているので、あえて憲法13条を持ち出す必要はありません。つまり、憲法13条は、個別の権利規定の間隙を埋めるために補充的に援用されることになります。個別の権利規定で明文化されていないにしても、個人の人格的生存に不可欠な権利としては、プライバシー権と自己決定権が重要です。

II　プライバシー権

　プライバシー権は、「ひとりで放っておいてもらう権利」としてアメリカの判例で承認され、発展してきた権利です。日本では、小説のモデルとされた都知事選挙立候補者のプライバシー侵害が争われた「宴のあと」事件判決（東京地判1964・9・28下民集15・9・2317）において、裁判所は、プライバシー権を私法上の人格権としての「私生活をみだりに公開されない法的保障ないし権利」と定義し、それは憲法の個人の尊厳という思想に基礎づけられた権利であるとしました。そして、プライバシー侵害の要件として、①私生活上の事実または事実らしく受けとられるおそれのあることがらであること、②一般人の感受性を基準にして当該私人の立場に立った場合公開を欲しないであろうと認められることがらであること、③一般の人々には未だ知られていないことがらであること、の3つを挙げ、本件ではプライバシー権の侵害があったとしました。

　その後、最高裁は、前述の京都府学連事件では、「みだりにその容ぼう・姿態を撮影されない自由」を認め、また、前科照会事件（最判1981・4・14民集35・3・620）において、「前科・犯罪経歴は人の名誉・信用にかかわり、これをみだりに公開されないのは法律上の保護に値する利益である」とし、地方公共団体が弁護士による前科照会に応じたことを違法としました。

　ともあれ、個人は自己の私的領域への無断立ち入りを拒むことができ、人格的生存にかかわる自己情報の公開は個々人が決定するという意味での自由権的なプライバシー権は憲法上確立しているといえます。さらに、近年の情報化社会の進展により、自己情報コントロール権としてのプライバシー権の請求権的な側面も重要になっています。というのは、国や私人（私企業）がデジタル化された個人情報を大量に保有しているので、個人は自己情報をコントロールするためには、他者による自己情報の利用についても自らコントロールし、少なくとも、他者が保有する自己情報の閲覧・訂正・抹消を請求

できなければならないと考えられているからです。個人情報の保護については、「行政機関の保有する電子計算機処理に係る個人情報の保護に関する法律」(1988年) が制定されていましたが、2003年に個人情報保護法、行政機関の保有する個人情報保護法、独立行政法人の保有する個人情報保護法、情報公開・個人情報保護審査会設置法、行政機関の保有する個人情報保護法等の施行に伴う関係法整備法が制定されました。

III　自己決定権

　私的領域に属する個人の人格的生存にかかわる事項を各人が自律的に決定できる自由を一般に自己決定権（あるいは人格的自律権）と呼びます。たとえば、①治療拒否、とくに尊厳死の選択など自己の生命の処分に関する決定権、②家族の形成や生殖に関する決定権、③髪型や服装などライフスタイルの決定権などが挙げられます。たしかに、これらの決定権は個人が自分で思い描く自分らしい生き方に直接かかわる事柄に関する決定権であり、喫煙の自由のような一般的自由とは個人の人生との関わりの深さが異なります。しかし、その反面、それだけに、社会の常識や倫理とぶつかる可能性も高いといえます。

　このような事情があるからでしょうか、これまで、日本の裁判所は自己決定権をはっきりとは認めていません。むしろ、消極的な判断が目につきます。髪型に関する私立高校の校則が問題となった事件で、最高裁は、高校生らしい髪型を維持し非行を防止するために定められた校則は、社会通念上、不合理とはいえないとしました (最判1996・7・18判時1599・53)。ただし、近年では、積極的な判断をする傾向が見られます。たとえば、宗教上の理由から輸血を拒否していたエホバの証人の信者がその意に反して輸血を受けたため、損害賠償を求めた事件で、下級審では、輸血の拒否は各個人が自己の人生のあり方は自ら決定することができるという自己決定権に由来するとされました (東京高判1998・2・9高民集51・1・1)。これについて、最高裁は、自己決定権

という言葉は使いませんでしたが、宗教上の理由から輸血を伴う医療行為を拒否する意思決定をする権利は、人格権の一内容として尊重されなければならないと判示しました（最判2000・2・29民集54・2・582）。

Ⅳ 外国人の人権

　日本国憲法の第3章は、「国民の権利及び義務」と題されています。したがって、憲法は、人権の享有主体を国民に限り、外国人は対象外としているかのように見えます。しかし、日本国憲法が自然法思想に立脚し、国家に先立つ自然権を憲法に書き込まれた人権規定の基底としていること、そのような人権は人間なら誰でも享受しうるという普遍性を有することなどを考慮すると、人権の享有主体を国民に限定する根拠は乏しいといえます。ただし、すべての憲法上の人権が外国人に日本国民と同様に認められるのかというと、そうともいえない面があります。したがって、一般的には、権利の性質によって決まると考えられています。この点、最高裁は、「いやしくも人たることにより当然享有する人権は不法入国者といえどもこれを有する」と判示したことがあります（最判1950・12・28民集4・12・683）。また、在留の更新が日本国内での政治的活動を理由として認められなかったことが問題となったマクリーン事件（最大判1978・10・4民集32・7・1223）において、最高裁は、「憲法第3章の諸規定による基本的人権の保障は、権利の性質上日本国民のみを対象としていると解されるものを除き、わが国に在留する外国人に対しても等しくおよぶ」としました。

　結局、問題となることは、いかなる人権がどの程度まで外国人にも保障されるのかということです。その際、ひとくちに外国人といっても、旅行などで一時的に滞在している外国人、難民、日本に生活の本拠を置き永住資格を持つ定住外国人（厳密には、「出入国管理及び難民認定法」上の「永住者」と「日本国との平和条約に基づき日本の国籍を離脱した者等の出入国管理に関する特例法」に基づく「特別永住者」）といった歴史的経緯や生活の実態などが著しく異なる外国人が

いることを考慮しなければなりません。

　これまで、権利の性質上、外国人には認められないとされてきたのは、主に参政権、社会権、入国の自由です。また、外国人に認められるとされてきた権利についても、部分的には日本国民と異なる扱いが見られます。

　①参　政　権　国レベルの選挙については、公職選挙法は、国民主権原理との関係で、外国人に選挙権・被選挙権を認めていません。最高裁も、これを合憲としています（最判1993・2・26判時1452・37、最判1998・3・13裁判所時報1215・5）。ただし、地方レベルの選挙について、最高裁は、定住外国人に法律で選挙権を付与することは、憲法上、要請されてはいないが、禁止されてもいないとしています（最判1995・2・28民集49・2・639）。

　公務員になると公権力の行使や国家意思の形成にかかわることになるので、公務就任権も伝統的に外国人には認められず、これは「当然の法理」であるとされてきました。ただし、近年では、若干、柔軟に考えられるようになり、国公立大学教員への外国人の任用を認める特別法が1982年に制定されました。地方レベルでは、一定の職種について外国人の任用を認める自治体が見られるようになっています。少なくとも、公権力の行使や政策形成に直接かかわらない職務であれば、外国人の任用を否定する理由はないと考えられます。

　②社　会　権　生存権は、外国人の生存の配慮を行う義務は第1次的にはその国籍国にあること、および限られた国の予算の配分は立法者の裁量に属することを理由として、外国人には保障されないと考えられています。ただし、法律上の取扱いでは、1981年に社会保障関係法令の国籍要件は原則として撤廃されました。これは、日本が国際人権規約（社会権規約2条2項は、内外人平等の原則を定めています）や難民条約（第4章では、福祉に関する内外人平等の原則が定められています）を批准したためです。労働基本権の保障については、とくに財政的な負担が生じるわけではないので、これを否定する理由はないと考えられます。

　③入国・出国・再入国の自由　入国の自由が外国人に保障されないこと

は、国際慣習法上、当然のことであると考えられています（最大判 1957・6・19 刑集 11・6・1663)。日本国（国民）の安全を害するような外国人の入国を拒否できるのは当然のことです。また、入国の自由がないので、憲法上、在留の権利もないと考えられています（前出のマクリーン事件最高裁判決)。

　出国の自由は外国人にも当然、認められます。しかしながら、日本人と結婚した定住外国人の外国旅行に伴う再入国の申請が指紋押捺を拒否したことを理由に不許可とされた森川キャサリーン事件において、最高裁は、外国人は外国に一時旅行する自由を憲法上、保障されてはいないので、再入国の自由も保障されていないと判示しました（最判 1992・11・16 裁集民事 166・575)。憲法上、疑義のあった指紋押捺を拒否しただけで、重大な害悪をもたらしたわけではない以上、むしろ再入国を認めるべきであると思われます。

　④精神的自由　　精神的自由は、その性質上、外国人にも十分に保障されるべきです。ただし、参政権的な意味を持つ政治的な表現活動のうち、日本政府を打倒する運動、国の政治的意思決定に直接介入するための結社、国民の政治的選択を不当に害する活動などは保障されないと考えられています。前出のマクリーン事件において、最高裁は、政治活動の自由についても、わが国の政治的意思決定またはその実施に影響を及ぼすものを除き、その保障が及ぶと判示しました（しかし、最高裁は、政治活動の自由についての保障は在留制度の枠内で与えられているにすぎないから、合憲・合法のものであっても在留期間中の行為を、在留更新許否の消極的な理由として斟酌することができるとしました。これでは、正当な権利行使であっても、不利益を受けることになってしまい、自由があるとはいえません)。

　⑤経済的自由　　国や国民の利益を保護するために、外国人の経済的自由権は特別な制約が課されています（電波法 5 条、銀行法 47 条、外国人土地法 3 条など)。居住・移転の自由については、外国人登録法により、外国人登録証明書を携帯し、入国審査官などの求めがあればこれを提示することが義務づけられており、違反すれば罰則もあります（同法 13 条、18 条、18 条の 2、19 条)。

　⑥プライバシー権　　かつて、外国人登録法は、外国人登録原票などへの

指紋押捺を義務づけていたので、それが憲法13条や14条に違反するのではないかとして裁判で争われていました。最高裁は、個人の私生活上の自由として、何人も「みだりに指紋の押なつを強制されない自由」を有するが、外国人登録法の指紋押捺制度は、外国人の居住関係および身分関係を明確にするための最も確実な制度であり、その立法目的には合理性・必要性があり、その方法においても相当なものであったと判示しました（最判1995・12・15刑集49・10・842）。ただし、1992年の法改正で永住資格を持つ定住外国人の指紋押捺は廃止され、1999年の法改正で非永住者についても指紋押捺は廃止されました。

V　人権の国際的保障

　ファシズムによる人権の抑圧の経験から、第2次大戦後、人権を国際的に保障しようとする動きが見られるようになりました。1948年の世界人権宣言は、その最初の試みといえます。その後、1966年に国連で国際人権規約が採択されました（1979年日本批准）。これは、「経済的、社会的及び文化的権利に関する国際規約」（社会権規約またはA規約ともいいます）と「市民的及び政治的権利に関する国際規約」（自由権規約またはB規約ともいいます）を含みます。世界人権宣言は、その名の通り「宣言」であって、法的拘束力を持ちませんが、国際人権規約は、条約であり加盟国を拘束するものです。さらに、女子差別撤廃条約（1981年発効、1985年日本批准）や児童の権利条約（1990年発効、1994年日本批准）なども人権保障の観点から重要なものです。

　しかしながら、人権保障の観点から重要と思われる条約であっても、死刑廃止条約（1991年発効）のように日本が批准していないものがあります。また、国際人権規約の自由権規約を具体化する協定である「市民的及び政治的権利に関する国際規約の選択議定書」（1966年）を日本は批准していません。このため、人権委員会（自由権規約28条以下）への申し立てができないという不都合が生じています。

VI 国民の義務

　国民の義務について、ここで触れておきます。明治憲法では、納税の義務 (20条) と兵役の義務 (21条) が定められていました。日本国憲法では、納税の義務 (30条)、勤労の義務 (27条1項) および保護する子女に普通教育を受けさせる義務 (26条2項) が国民の義務とされています。納税の義務の具体的内容は、租税法律主義 (84条) に基づいて法律により定められます。あまりにも過酷な重税は財産権や生存権の侵害となると考えられます。保護する子女に普通教育を受けさせる義務は、教育基本法や学校教育法がこれを具体化しており、その違反には罰則もあります (学校教育法91条)。勤労の義務は、納税の義務のように厳格な法的義務ではありませんが、単なる倫理規定・道徳規定ではありません。労働の能力や機会があるのに労働しない者には、生活保護や雇用保険における給付制限などのサンクションがあります。その意味では、勤労の義務には法的効力があるといえます。

参 考 文 献

＊引用文献として挙げた教科書・体系書以外に、たとえば、以下の教科書・体系書が参考になります。なお、芦部・憲法に詳しい参考文献案内が付されています。

奥平康弘『憲法Ⅲ　憲法が保障する権利』(有斐閣、1993年)

佐藤功『日本国憲法概説』〔全訂五版〕(学陽書房、1996年)

佐藤幸治『憲法』〔第三版〕(青林書院、1995年)

杉原泰雄『憲法Ⅰ　憲法総論』(有斐閣、1987年)

杉原泰雄『憲法Ⅱ　統治の機構』(有斐閣、1989年)

長尾一紘『日本国憲法』〔第三版〕(世界思想社、1997年)

野中俊彦・中村睦男・高橋和之・高見勝利『憲法Ⅰ・Ⅱ』〔第三版〕(有斐閣、2001年)

樋口陽一『憲法』〔改訂版〕(創文社、1998年)

松井茂記『日本国憲法』〔第二版〕(有斐閣、2002年)

＊日本国憲法の条文ごとの解説書（注釈書）としては、以下のものがあります。

小林孝輔・芹沢斉編『基本法コンメンタール憲法』〔第四版〕(日本評論社、1997年)

樋口陽一・佐藤幸治・中村睦男・浦部法穂『憲法Ⅰ・Ⅱ・Ⅲ』(青林書院、1994年・97年・98年)

＊学習用の判例集としては、以下のものがあります。

芦部信喜・高橋和之・長谷部恭男編『憲法判例百選Ⅰ・Ⅱ』〔第四版〕(有斐閣、2000年)

＊さらに、深く勉強してみたいならば、以下の書物が参考になります。

　大石眞『日本憲法史』（有斐閣、1995年）

　古関彰一『新憲法の誕生』（中央公論社、1989年）

　樋口陽一編『講座憲法学1～6、別巻』（日本評論社、1994年・95年）

＊外国の憲法について勉強してみたいならば、以下の書物が参考になります。

　辻村みよ子『比較憲法』（岩波書店、2003年）

　樋口陽一『比較憲法』〔全訂三版〕（青林書院、1992年）

　樋口陽一・吉田善明編『解説世界憲法集』〔第四版〕（三省堂、2001年）

判例索引

最大判 1948・3・12 刑集 2・3・191	99
最大判 1948・9・29 刑集 2・10・1235	111
最大判 1949・3・23 刑集 3・3・352	103
最大判 1949・4・6 刑集 3・4・459	138
最大判 1949・5・18 民集 3・6・199	104
最大判 1949・5・18 刑集 3・6・839	60
最大判 1949・7・13 刑集 3・8・1286	86
最大判 1950・9・27 刑集 4・9・1805	98
最大判 1950・10・11 刑集 4・10・2037	35
最判 1950・11・9 民集 4・11・523	138
最大判 1950・11・15 刑集 4・11・2257	128
最判 1950・12・28 民集 4・12・683	145
最大判 1952・8・6 刑集 6・8・974	69
最大判 1953・4・8 刑集 7・4・775	128
最大判 1953・12・23 民集 7・13・1523	86
最大判 1953・12・23 民集 7・13・1561	71
最判 1954・7・16 刑集 8・7・1151	95
最大判 1954・11・24 刑集 8・11・1866	63
最大判 1955・4・6 刑集 9・4・663	99
最大判 1955・4・27 刑集 9・5・924	94
最大判 1955・12・14 刑集 9・13・2760	93
最大判 1956・7・4 民集 10・7・785	42
最大判 1957・2・20 刑集 11・2・802	95
最大判 1957・3・13 刑集 11・3・997	59
最大判 1957・6・19 刑集 11・6・1663	147
最大決 1958・2・17 刑集 12・2・253	68
最大判 1958・9・10 民集 12・13・1969	83
最大決 1960・7・6 民集 14・9・1657	103
最大判 1960・7・20 刑集 14・9・1243	63
東京地判 1960・10・19 行裁例集 11・10・2921	113
最大判 1961・1・15 刑集 15・2・347	61
最大判 1962・5・2 刑集 16・5・495	95
最大判 1962・11・28 刑集 16・11・1593	90
最大判 1963・5・15 刑集 17・4・302	48
最大判 1963・5・22 刑集 17・4・370	43, 45
最大判 1963・6・26 刑集 17・5・521	85
最大判 1964・2・26 民集 18・2・343	123

最大判 1964・5・27 民集 18・4・676	34
東京地判 1964・9・28 下民集 15・9・2317	143
最大判 1966・10・26 刑集 20・8・901	127, 129
最大判 1967・5・24 民集 21・5・1043	113
東京高判 1967・9・6 判時 509・70	129
最大判 1968・11・27 刑集 22・12・1402	86
最大判 1968・12・4 刑集 22・13・1425	134
最大判 1968・12・18 刑集 22・13・1549	64
最判 1969・4・2 別冊労働法律旬報 708・4	127
最大判 1969・4・2 刑集 23・5・305	129
最大判 1969・4・2 刑集 23・5・685	130
最大判 1969・6・25 刑集 23・7・975	59
最大判 1969・10・15 刑集 23・10・1239	59
最大決 1969・11・26 刑集 23・11・1490	67
最大判 1969・12・24 刑集 23・12・1625	141
最大判 1970・6・17 刑集 24・6・280	64
東京地判 1970・7・17 行裁例集 21・7 別冊・1	120
最判 1970・8・20 民集 24・9・1268	106
最大判 1970・9・16 民集 24・10・1410	142
神戸地判 1972・9・20 行裁例集 23・8=9・711	113
最大判 1972・11・22 刑集 26・9・554	90, 95
最大判 1972・11・22 刑集 26・9・586	81
最大判 1972・12・20 刑集 26・10・631	96
最大判 1973・4・4 刑集 27・3・265	36
最大判 1973・4・25 刑集 27・4・547	131
最判 1973・10・18 民集 27・9・1210	86
最判 1973・12・12 民集 27・11・1636	28
東京地判 1974・7・16 判時 751・47	120
最大判 1974・11・6 刑集 28・9・393	25
神戸簡裁 1975・2・20 判時 768・3	49
最大判 1975・4・3 民集 29・4・572	81
最大判 1975・9・10 刑集 29・8・489	63
大阪高判 1975・11・10 行裁例集 26・10=11・1268	114
大阪高判 1975・11・27 判時 797・36	115
最判 1975・11・28 民集 29・10・1698	127
最大判 1976・4・14 民集 30・3・223	136
最大判 1976・5・21 刑集 30・5・615	43, 118
最大判 1976・5・21 刑集 30・5・1178	131
最大判 1977・5・4 刑集 31・3・182	131
最大判 1977・7・13 民集 31・4・533	50
最決 1977・8・9 刑集 31・5・821	93

最決 1978・5・31 刑集 32・3・457	68
最判 1978・9・7 刑集 32・6・1672	98
最大判 1978・10・4 民集 32・7・1223	145
最判 1978・10・20 民集 32・7・1367	107
東京地判 1979・3・28 判時 921・18	119
最判 1980・11・28 刑集 34・6・433	60
最判 1981・3・2 民集 35・2・300	27
最判 1981・3・24 民集 35・2・300	35
最判 1981・4・14 民集 35・3・620	143
最判 1981・4・16 刑集 35・3・84	59
最判 1981・6・15 刑集 35・4・205	139
最大判 1981・12・16 民集 35・10・1369	115
東京高判 1982・5・19 判時 1041・24	119
最大判 1982・7・7 民集 36・7・1235	114
最大判 1983・4・27 民集 37・3・345	138
最大判 1983・6・22 民集 37・5・793	26
最大判 1983・11・7 民集 37・9・1243	136
最大判 1984・12・12 民集 38・12・1308	57
最判 1984・12・18 刑集 38・12・3026	65
最大判 1985・7・17 民集 39・5・1100	137
最判 1985・11・21 民集 39・7・1512	106, 135
東京地判 1986・3・20 行裁例集 37・3・347	53
最大判 1986・6・11 民集 40・4・872	57
最判 1987・4・2 民集 41・3・490	75
最大判 1988・6・1 民集 42・5・277	53
最判 1989・1・20 刑集 43・1・1	82
最決 1989・1・30 刑集 43・1・19	69
最大判 1989・3・8 民集 43・2・89	68
最判 1989・9・19 刑集 43・8・785	57
最判 1989・12・14 民集 43・12・2051	126
最判 1990・1・18 民集 44・1・1	122
最判 1990・2・6 訟務月報 36・12・2242	82
最判 1990・3・6 判時 1357・144	42
最決 1990・7・9 刑集 44・5・421	70
最判 1990・9・28 刑集 44・6・463	61
神戸地判 1992・3・13 判時 1414・26	119
最大判 1992・7・1 民集 26・9・554	90
最大判 1992・7・1 民集 46・5・437	72
最判 1992・12・15 民集 46・9・2829	82
最判 1992・11・16 裁集民事 166・575	147
最判 1993・2・26 判時 1452・37	146

最判 1993・3・16 民集 47・5・3483	123
最判 1995・2・28 民集 49・2・639	146
最判 1995・3・7 民集 49・3・687	72
最大決 1995・7・5 民集 49・7・1789	37
最判 1995・12・25 刑集 49・10・842	148
最判 1996・1・30 民集 50・1・199	49
最判 1996・3・8 民集 50・3・469	52
最判 1996・3・15 民集 50・3・549	72
最判 1996・3・19 民集 50・3・615	73
最判 1996・7・18 判時 1599・53	144
最大判 1996・9・11 民集 50・8・2283	138
最大判 1997・4・2 民集 51・4・1673	51
東京高判 1998・2・9 高民集 51・1・1	144
最判 1998・3・13 裁判所時報 1215・5	146
最大判 1999・11・10 民集 53・8・1441	137
最決 1999・12・16 刑集 53・9・1327	77
最判 2000・2・29 民集 54・2・582	145
最大判 2002・9・11 民集 56・7・1439	105

索　引

ア　行

アイヌ民族	34
アクセス権	75
「悪徳の栄え」事件	59
旭川学テ事件	43, 118, 120-21
朝日訴訟	112
新しい人権	142
アファーマティブ・アクション	37
アメリカ合衆国憲法	4
あん摩師等法事件	61
「家」制度	31
家永教科書訴訟	122
家永訴訟杉本判決	120
家永訴訟高津判決	120
違憲審査基準	20
違憲審査制	20
石井記者事件	69
泉佐野市民会館事件	72
一事不再理	98
一般意思の表明	5
一般権力関係	25
一般的自由権	141
違法収集証拠	98
岩手教組事件	131
インターネット	64
「宴のあと」事件	143
永住者	145
営利的表現	61
愛媛県玉串料訴訟	51
エホバの証人	144
LRAの基準	62
大阪空港訴訟	115
大阪市屋外広告物条例事件	64
沖縄デー事件	61
屋外広告物条例	64

カ　行

外見的立憲主義憲法	7
外国移住・国籍離脱の自由	83
外国人	20
──の人権	145
外国旅行の自由	83
外務省秘密漏洩事件	68
学習権	118
学習指導要領	121
加持祈禱事件	48
過失責任主義	105
河川附近地制限令	86
上尾市福祉会館事件	72
神の前の平等	29
川崎民商事件	90, 95
環境基本法	115
環境権	114, 142
間接差別	38
間接選挙	138
間接適用説	27
完全補償説	86
喚問する権利	96
議員定数の不均衡	136
機会の平等	30
棄権の自由	139
起訴	91
──便宜主義	91
規則	18
貴族院	9
喫煙の自由	142
岐阜県青少年保護育成条例事件	57
基本的人権の尊重	13
義務教育の無償	123
逆差別	38
救貧施策	113
教育権	119

教育の私事性	120	結社	73
教育を受ける権利	109, 117	検閲	56
教科書検定	122	厳格な合理性の基準	80
教科書出版の自由	123	厳格な審査基準	24
教師の教育の自由	122	現行犯逮捕	92
教師の教育評価権	119	検察官による上訴	98
行政	14	検察官の起訴独占主義	91
——裁判所	102	検察審査会	91
——手続	90	剣道実技拒否事件	52
強制捜査	92	権利章典	3
強制投票制の禁止	139	権利請願	3
京都府学連事件	141	権利説	133
許可制	80	権力分立	14
——度	63	公安条例	62
極東委員会	8	公開・対審の原則	103
居住・移転の自由	83, 147	公開裁判を受ける権利	96
緊急逮捕	92	公教育	120
筋ジストロフィー少年入学不許可事件	119	公共の福祉	20
近代的意味の憲法	2	拘禁	94, 107
近代立憲主義的憲法	2	合憲限定解釈	129
勤労の義務	149	麹町中学内申書事件	119
勤労の権利	131	公衆衛生	110
具体的権利説	112	硬性憲法	4
クローズド・ショップ	126	控訴	91
クロムウェル	3	皇族	19
経済的自由権	147	拘置所	95
警察国家	5	公判	91
警察的規制	80	幸福追求権	141-42
形式的意味の憲法	1	公務	134
形式的効力	17	——員の政治活動	25
形式的平等	29	——員の労働基本権	128
刑事補償請求権	107	——就任権	146
刑事補償法	107	拷問	95
刑事免責	125	公用収用	85
芸娼妓契約	87	公用制限	85
刑罰権	90	小売市場無許可開設事件	81
軽犯罪法	64	合理的期間	137
契約自由の原則	125	合理的区別	33
契約の自由	27	勾留理由開示制度	95
結果の平等	30	国際人権規約	146, 148
月刊ペン事件	59	国籍離脱の自由	12

国選弁護人	97	
告知と聴聞を受ける権利	89	
国民主権	13, 146	
国民の義務	149	
国民の教育権説	120	
国労広島地本事件	127	
個人主義	13	
個人情報の保護	144	
個人の尊厳	12	
個人の尊重	12	
国家神道	47	
国家の教育権説	119	
国家賠償請求権	104	
国家賠償法	105	
近衛文麿	7	
戸別訪問	139	
コモン・ロー	16	
固有の意味の憲法	1	
コンコルダート	50	

サ 行

在監者	26
罪刑法定主義	88
最高法規	17
再審	92
在宅投票制度	135
——廃止違憲訴訟	135
最低賃金法	132
再入国の自由	147
裁判規範	112, 119
裁判を受ける権利	102
在留の権利	147
作為請求権	110
猿払事件	25
男女共同参画社会基本法	38
残虐な刑罰の禁止	98
産経新聞事件	75
三権分立	14
参政権	133
自衛官合祀拒否訴訟	53
死刑	98

——廃止条約	99, 148
自己決定権	144
自己実現の価値	55
自己情報コントロール権	143
自己責任説	105
自己統治の価値	55
事後法の禁止	89
事情判決	136
自然権思想	4
自然人	19
私選弁護人	97
自然法論	11
事前抑制禁止の原則	56
思想の自由市場	40
実質的意味の憲法	1
実質的な平等	30
私的自治	27
幣原内閣	7
児童の権利条約	148
司法	14
——官憲	92
市民政府論	3
指紋押捺	148
社会契約論	4, 11
社会国家	6, 109
——的公共の福祉	21
社会的身分	35
社会福祉	110
社会保険	110
謝罪広告強制事件	41
衆議院	9
宗教的人格権	53
自由国家	109
——的公共の福祉	21
終審	103
修正条項	4
自由選挙	139
集団行動	62
自由の指令	7
自由放任主義	5
取材源の秘匿	69

索引 159

取材の自由	67-8	政策的規制	80
酒税法判決	82	生産管理	127
出国の自由	147	政治活動の自由	147
準現行犯逮捕	92	政治スト	127
商業的言論	61	政治部門	24
消極国家	5	生存権	109, 146
消極目的規制	80	正当な補償	86
上告	91	制度的保障	50
上訴	91	成年者	135
肖像権	142	性表現	59
少年の保護事件に係る補償に関する法律	108	成文憲法	2
情報公開法	75	性別	34
条約	18	政令	18
上諭	9	──201号事件	128
省令	18	世界人権宣言	148
条例	18	積極国家	6
職業選択の自由	79	積極的改善措置	38
食糧管理法違反事件	111	積極的差別解消措置	37
食料緊急措置令違反事件	60	積極目的規制	80
女子差別撤廃条約	148	接見交通権	94
知る権利	55, 67, 74	絶対的平等	32
知る自由	55, 74	前科照会事件	143
人格権	115, 143, 145	選挙運動の自由	139
人格的自律権	144	選挙権	146
人権委員会	148	全司法仙台事件	130
人権の享有主体	19	全体主義	13
人種	34	全体の奉仕者	128-9
信条	34	全逓東京中郵事件	129
迅速な裁判を受ける権利	96	全逓名古屋中郵事件	131
信託	11	扇動	60
神道指令	47	1791年憲法	5
人民協定	3	1795年憲法	5
審問する権利	96	全農林警職法事件	130
森林法共有林分割制限違憲判決	84	争議権	127
枢密院	9	捜査	91
杉本判決	122	相対的平等	32
請願権	101	相当補償説	86
税関検査事件	56	訴訟救助	104
請願法	102	訴訟事件	103
政教条約	50	尊属殺重罰規定違憲判決	35
制限選挙	135		

タ 行

代位責任説	105
第三者所有物没収事件	90
大正デモクラシー	7
対日理事会	8
大日本帝国憲法	6
逮捕令状	92
代用監獄	95
高田事件	96
高津判決	123
タコ部屋	87
種谷牧師事件	48
団結権	125-6
男女雇用機会均等法	35
団体交渉権	125, 127
団体行動権	125, 127
チャタレー夫人の恋人	59
抽象的権利説	111
直接差別	38
直接選挙	138
直接適用説	27
沈黙の自由	41
通常逮捕	92
通信の秘密	75
通信傍受法	77
津地鎮祭事件	50
抵抗権	4
帝国議会	9
定住外国人	145
TBS事件	70
適正手続の保障	88
鉄道営業法	64
デモ行進	62
伝習館高校事件	121
天皇	19
──の人間宣言	47
伝聞証拠	97
東京都公安条例事件	63
統制権	126
東大ポポロ事件	43, 45
統治章典	3
当番弁護士制度	94
投票価値の平等	136
投票検索の禁止	138
投票の数的平等	136
登録制	80
道路交通法	62
都教組事件	129
徳島市公安条例事件	63
特別永住者	145
特別権力関係	25
特別裁判所	102
特別な犠牲	85
独立革命	4
独立宣言	4
特許制	80
届出制	63, 80

ナ 行

内閣府令	18
内在的制約	22
奈良県ため池条例事件	85-6
成田新法	72
──事件	90
軟性憲法	4
難民	145
──条約	146
新潟県公安条例事件	63
二元説	133
二重の基準論	23
日曜日授業参観事件	52
日産自動車事件	27, 35
日本テレビ事件	69
入国の自由	146
任意性が疑わしい自白	97
任意捜査	92
納税の義務	149
農地改革事件	86

ハ 行

配分的正義	29

索 引 161

博多駅テレビフィルム提出命令事件	67,69
8月革命説	9
パブリック・フォーラム	65
犯罪被害者保護法	99
比較衡量論	23
東久邇宮内閣	7
被疑者弁護人援助制度	94
被疑者補償規程	108
非訟事件	103
被選挙権	146
非嫡出子の法定相続分	36
非適用説	27
人および市民の権利宣言	4
ひとりで放っておいてもらう権利	143
秘密投票	138
ピューリタン革命	3
平等選挙	136
平等派	3
ビラ配り	64
ビラ貼り	64
夫婦別姓	31
福祉国家	6,109
不作為請求権	109
普通教育を受けさせる義務	149
普通選挙	135
不当労働行為	127
不文憲法	2
プライバシー権	142
フランス革命	4
フランス人権宣言	4
──16条	2
プログラム規定説	111
兵役の義務	149
平均的正義	29
平和主義	14
別件逮捕	93
弁護人依頼権	94
防禦権	94
傍受令状	77
法人	19
放送の自由	70
法定手続の保障	88
法廷メモ事件	68
法定立の平等	32
法適用の平等	31
法の支配	15-6
防貧施策	113
法優位の思想	16
法律	17
──婚主義	37
──による行政	15
──による裁判	15
──の留保	7
ホームページ	64
補強証拠	97
ポスト・ノーティス命令	42
北海タイムズ事件	68
ポツダム宣言	7
北方ジャーナル事件	57
堀木訴訟	112-3

マ 行

マグナ・カルタ	3
マクリーン事件	145,147
マッカーサー	7
──草案	8
──・ノート	8
松本委員会	8
松本試案	8
松本烝治	7
未成年者	19
三井美唄労組事件	126
三菱樹脂事件	27
民事法律扶助事業	104
民事法律扶助法	104
民事免責	125
民主主義	13,40
民族	34
無過失責任	106
明治憲法	6
明白性の原則	80
名誉革命	3

名誉毀損的表現	58	——的意味の憲法	2
命令	18	立候補の自由	134
メーデー	71	立法	14
目的・効果論	51	——事実	80
黙秘権	95	——者拘束説	32
——の放棄	95	——者非拘束説	32
森川キャサリーン事件	147	——の不作為	106, 112
門地	37	留置場	95
モンテスキュー	4	ルソー	4
		令状主義	92

ヤ 行

薬事法違憲判決	81	レヴェラーズ	3
夜警国家	109	レッド・パージ事件	41
八幡製鉄事件	20	連合規約	4
山田鋼業事件	128	連合国軍総司令部（GHQ）	7
夕刊和歌山時事事件	59	労働委員会	125
ユニオン・ショップ	126	労働基準法	132
緩やかな基準	24	労働基本権	109, 125, 146
抑留	94, 107	労働協約	127
余罪捜査	93	労働組合	126
「四畳半襖の下張」事件	60	労働三権	125
		ロック	3

ラ 行

ワ 行

利己主義	13	わいせつ文書	59
立憲君主制型憲法	6	ワイマール憲法	6
立憲主義	14		

＊著者略歴＊

福岡英明（ふくおか　ひであき）

1959 年　東京都墨田区に生まれる
1982 年　中央大学法学部法律学科卒業
1988 年　中央大学大学院法学研究科博士後期課程単位取得退学
2002 年　博士（法学）（中央大学）
現　在　松山大学法学部教授

〈主要著書〉
　単著『現代フランス議会制の研究』（信山社、2001 年）
　共著『21 世紀の女性政策』（中央大学出版部、2001 年）
　共著『フランスの憲法判例』（信山社、2002 年）

憲法―人権論への誘い―

2003 年 7 月 28 日　第 1 版 1 刷発行

著　者――福　岡　英　明
発行者――大　野　俊　郎
印刷所――三浦企画印刷
製本所――美　行　製　本 ㈲
発行所――八千代出版株式会社

〒 101-0061　東京都千代田区三崎町 2-2-13
TEL　03-3262-0420
FAX　03-3237-0723
振替　00190-4-168060

＊定価はカバーに表示してあります。
＊落丁・乱丁本はお取り替えいたします。

© 2003 Printed in Japan

ISBN 4-8429-1295-2